1

Carlos Palacios Maldonado

Divinidad y Sociedad
La actitud personal

(Tercera edición)

"Soñar con sistemas tan perfectos en que nadie necesite ser bueno".

Gandhi

Contenido

PRÓLOGO

En este ensayo me propongo estudiar la *performance* de la sociedad considerada como ente diferente a los humanos individuales que la forman, a la luz del mandato divino de amor. Para ello he contrastado el desempeño de la sociedad actual con aquel que tendría una sociedad basada en los mandatos de comportamiento individual provenientes de ese Dios omnisciente, que es uno, independientemente de que lo llamemos Jehová, Yavé, Alá o de cualquier otra manera, o de que le rindamos culto en una forma o en otra.

Para ello he tratado de discernir lo esencial de una lógica e inteligible comunicación Dios-hombre, que a mi entender existe, constatando que la misma no versa sobre temas organizacionales -sociológicos- sino de conciencia individual, es decir, sicológicos, y que su objetivo es, más bien, enseñarnos a pensar.

Al analizar el desempeño de la sociedad, la intuición que ha estado siempre presente en mi mente, a manera de hipótesis de trabajo, es la de que alguna relación debe haber entre el grado de desarrollo espiritual individual, sicológico, y la performance de la sociedad considerada en su conjunto. Ello, a su vez, me ha llevado a considerar que el mandato de amor alguna incidencia debe tener sobre el comportamiento individual, y por ende sobre desempeño social-colectivo. Es que el todo necesariamente es afectado por el comportamiento de sus partes; no puede ser ajeno a ellas. Los instrumentos teóricos de los que me he valido, no han hecho más que confirmar una y otra vez la validez de estas hipótesis. Además, al adentrarme en el análisis, he podido percatarme que hay aspectos sociales poco explorados, que emergen, fundamentalmente, de las relaciones espíritu individual-sociedad.

Pese a lo que pudiera parecer, este libro no es, en rigor, pesimista, sino simplemente realista. Parece pesimista en la medida que presenta un panorama sombrío respecto al futuro de la sociedad, si ésta no endereza sus esfuerzos hacia el desarrollo de lo interno-individual y con ello, al ascenso integral del hombre, pero al mismo tiempo deja espacio al optimismo, pues señala el camino a seguir.

Vistas las luces en las que se inspira, este libro tampoco ofrece soluciones organizacionales, sólo reflexiones que intentan calar en lo profundo de los problemas sociales. Y todo por la necesidad y el placer de entender las cosas.

La primera edición de este libro, año 2000, fue limitadísima; de esas que suelen llamarse "edición del autor", de unos 100 ejemplares más o menos, que se agota entre amigos y conocidos. Algunas reestructuraciones, adiciones y correcciones dieron lugar a la segunda, año 2004. La que se presenta ahora, la tercera, obedece a la conveniencia de perfeccionar la obra, aprovechando que voy a hacer uso de un nuevo canal de distribución. No obstante haber pasado por todas estas instancias, el contenido básico del ensayo sigue siendo el mismo.

¿Por qué me decidí a no quedarme en las dos primeras ediciones? Simplemente como respuesta a algunas voces de estímulo que surgieron a raíz de la primera, pese a ser su autor un desconocido en este campo. Un Decano de Filosofía de la Universidad de Guayaquil dijo, tal vez exagerando la nota, y refiriéndose a la versión temprana de la obra que él tuvo la oportunidad de revisar, que el autor había "logrado crear reflexiones filosóficas que revolucionarán las ideas de la humanidad del Siglo XXI". Un distinguido editorialista me manifestó que: "Con certero pulso de cirujano hace usted la disección de nuestros males y señala vías de sanación". Un diario destacó que "es un libro religioso sin ser de religión". Un apreciado pastor religioso se admiró de que temas tan profundos puedan ser tratados con sencillez y claridad. Y así algunos más. Ahí va, entonces, esta nueva edición, en la esperanza de que a algún paciente lector le parezca interesante y le sirva de inspiración.

Carlos Palacios Maldonado
Guayaquil, enero de 2013

PRIMERA PARTE

Una visión de conjunto de la sociedad, desde la perspectiva que nos proporciona la guía divina.

CAPITULO I. ¿PODEMOS PRESCINDIR DE DIOS?

¿Por qué incluir a Dios en nuestra visión de la sociedad y el mundo? ¿Por qué no limitarnos a una que solo se proyecte sobre nosotros mismos y sobre la naturaleza que nos rodea? Porque no hay contraposición alguna entre una visión que incluya a Dios y otra que verse sobre nosotros mismos y sobre la naturaleza que nos rodea; porque pretender que existe tal contraposición es simplemente plantearnos un falso dilema; porque una visión que incluya la noción de Dios es más completa que otra que la excluya; porque nuestra humana complexión nos induce a buscar explicaciones globalizantes, y sin la noción de Dios, lo globalizante se desvanece. Pero sobre todo porque la reflexión y el sentido común nos obligan a aceptar la existencia de Dios, y si la aceptamos, mal haríamos en contentarnos con una visión que lo excluya.

Pero, a pesar de todo, intentemos desarrollar una visión del mundo que prescinda de Dios, a ver qué resulta. Una reflexión centrada en el hombre en sí mismo y en la naturaleza. Una reflexión que tome al hombre y a la naturaleza simplemente como datos dados; que no haga incómodas preguntas sobre sus génesis y objetivos; que le vuelva las espaldas a las viejas preocupaciones respecto a la primordialidad metafísica; que ni siquiera piense en el *ser* de la humanidad ni de la naturaleza. Hombre y naturaleza: simples cosas que están allí. Que están porque están y punto, a ver qué resulta.

La visión científico-tecnológica. Para empezar, ¿cómo sería una visión del mundo basada exclusivamente en la ciencia y la tecnología, digo mejor, en nuestra ciencia y en nuestra tecnología?

De hecho, visiones de este tipo no son nada nuevo. Son monedas corrientes en la actualidad las visiones basadas en el análisis de la realidad visible, de la punta del iceberg; visiones que identifican y proyectan meras tendencias en el tiempo. Se trata de visiones más bien superficiales, que ponen en un altar sagrado el cambio que está ocurriendo en el mundo contemporáneo; que vuelcan toda su atención al cambio mismo, al cambio per sé; y que incluso nos exhortan una y otra vez a adecuarnos a él; a no oponernos a su imperio; a no nadar contra la corriente. En absoluto parece interesarles *el hacia dónde vamos* global ni las implicaciones sociales del cambio. Lo insatisfactorio de estas visiones radica en el hecho de que se basan, casi exclusivamente, en la realidad visible *que es* y en sus proyecciones lógicas. El análisis del *lo que debe ser*, sobre todo del *lo que debe ser* moral, es el gran ausente de esta clase de visión o, al menos, el que luce completamente minimizado. Así, esta clase de visión, si bien realista y sólida, es insuficiente. Aclaro: no digo que una visión basada en la ciencia y la tecnología sea inválida; lo que digo es que no contiene todos los elementos que necesitamos para una visión racional e integral del mundo.

Demás está decir que la visión científico-tecnológica, como no podía ser de otra manera, constituye un enfoque sesgadamente materialista; no tiene en cuenta esa otra cara de la naturaleza humana que es la espiritualidad. En la visión científico-tecnológica está ausente el amor, sobre todo el amor en cuanto mandato procedente de Dios, el cual ha sido ignorado por la ciencia.

La ciencia y la tecnología nos enseñan muchas cosas, pero, por sí solas, no nos enseñan a amar. En cambio, si somos de mente abierta, y si tenemos disposición y fe para ver a Dios, entonces la ciencia y la tecnología nos ayudarán a aceptar su existencia, y todo eso nos dará los medios para una contemplación más completa de su magna obra, la naturaleza.

Lo exclusivamente científico-tecnológico, lo exclusivamente *que es*, distorsiona y sesga nuestra visión del mundo. Genera lo que un destacado investigador, Fernando Fanjzylber, llamaba la "seducción tecnológica". Y muy ligada a esta seducción está la búsqueda de la eficiencia -el eficientismo- a como dé lugar, sin mucha preocupación por sus efectos sociales.

Así pues, ¿puede ser completa una visión del mundo que excluya a Dios y a su mandato de amor, como es la visión exclusivamente científico-tecnológica? Evidentemente no. La visión científico-tecnológica nos induce a ver solo lo creado, no al Creador; los efectos, no las causas profundas; a solo mirar, no a ver.

¿Cómo incorporar a Dios a una visión comprehensiva del mundo? Ahora bien, si una visión agnóstica, y más aún una atea, es incompleta, ¿de qué manera debemos incorporar a Dios en una visión del mundo? ¿Deberíamos hacerlo a través de las formalidades pedagógicas de las organizaciones religiosas?

Las enseñanzas de las organizaciones religiosas suelen estar impregnadas de orientaciones generadas por el propio hombre, lo cual las vuelve dogmáticas y falibles. Estas orientaciones también suelen centrar su atención sobre temas rituales, litúrgicos, formales, a veces banales, que, en todo caso, no calan en la esencia misma del tema divino.

Además, se caracterizan por un marcado centralismo en la conducción espiritual de sus fieles, de modo que cuando se equivoca el centro, se equivocan todos. Consecuentemente, el incorporar a Dios a nuestra visión del mundo a través de los postulados de las organizaciones religiosas, no es el camino más idóneo. Si escogiéramos este camino tendríamos que optar por alguna de esas religiones y adherir a sus orientaciones, rechazando las de otras organizaciones, todo lo cual nos llevaría a enfrascarnos en discusiones interminables y, a menudo, sin mayor importancia. El papel de la organización religiosa, importante y necesario, debe ser más bien complementario en nuestra vida espiritual individual. Lo más importante y decisivo de ésta es nuestra personal percepción de Dios. ¿Pero una percepción personal no nos lleva a una multiplicidad y heterogeneidad de percepciones, en función de lo que cada uno entienda por *Dios*? Bueno, ese es un problema real que lo iremos abordando poco a poco.

En todo caso, creo que la organización religiosa no es el camino prioritario, aunque sí complementario. El camino prioritario es el de la búsqueda personal de Dios, siempre y cuando, a través de esta opción, enderecemos nuestros pensamientos hacia la esencia misma de su mensaje, sin detenernos ni enredarnos en cuestiones banales.

La visión basada en moralidades exclusivamente humanas. Analicemos ahora otra forma de excluir a Dios de nuestra visión del mundo. Prescindamos de Él, y en su lugar consideremos solo nuestras propias nociones morales y éticas, esto es, nuestras propias moralidades, las moralidades generadas exclusivamente por el hombre, las representaciones exclusivamente nuestras de moralidad, sin los componentes de moralidad que nos aconseja el Creador.

Las visiones del mundo basadas en moralidades de origen exclusivamente humano, le hacen el juego a la teoría de Jung, quien sostenía que la moral no proviene de Dios, "sino que es función del alma humana". Esto, como es obvio, sólo puede conducir al caos.

Cierta vez surgió la visión de un mundo gobernado por una raza superior, y el intento de hacerla realidad devino en una catástrofe mundial. En otra ocasión prosperó la visión de un mundo regido por la dictadura de una clase social, y el resultado fue el atraso, la pobreza, la corrupción, el sufrimiento y el aniquilamiento de grandes masas de seres humanos. Hoy la visión predominante es la de un mundo gobernado por las fuerzas del mercado y por una libertad que raya en el libertinaje, y el resultado es una gran exclusión social, es decir, la imposibilidad de que muchos seres humanos puedan vivir una vida digna. Y por supuesto, la progresiva degradación moral es otro de sus resultados. Las visiones basadas en moralidades de origen exclusivamente humano son cambiantes, heterogéneas, veleidosas, acomodaticias, relativistas, sin forma fija, gelatinosas. ¿Qué visiones más nos deparará el futuro? No lo podemos saber, pero de seguro no serán nada edificantes si se basaren en moralidades exclusivamente humanas. Una tremenda relatividad es la característica predominante de esta clase de visión. Relatividad vinculada al tiempo y al espacio, esto es, a los hechos y a la Geografía, pues en función del tiempo y del espacio varían las moralidades exclusivamente humanas.

Pero el caos se produce no solo a partir de visiones generales del mundo, de origen exclusivamente humano, sino también de visiones, igualmente de origen exclusivamente humano, sobre asuntos más específicos. No desear la mujer ajena es un mandato bíblico específico, que algunos acatan pero muchos no. El resultado puede apreciarse en la infidelidad generalizada, de hombres y mujeres, y por ende en una degradación moral igualmente generalizada.

Toda visión del mundo aspira a ser *la* visión del mundo, la visión verdadera. Pero si las visiones del mundo se basan en la moralidad generada por cada espíritu humano, a lo Jung, hay entonces tantas visiones del mundo como seres humanos hay sobre la Tierra. En cierta medida esto es lo que ocurre por la tendencia a prescindir de una orientación única, la orientación de Dios.

La voluntad. La voluntad es otro importante factor que contribuye a la formación de nuestra visión del mundo, toda vez que influye decisivamente sobre nuestros pensamientos, nuestras opiniones y nuestras acciones.

La consciencia es un estado propio del ser humano, que implica poder entender y sentir. Sobre la consciencia, empero, incide la voluntad, esa cosa que, combinada con la libertad para ejercerla, hace la diferencia entre consciencia (pensar y sentir) y espíritu (consciencia más voluntad y libertad), tanto así, que es la voluntad la que nos permite enmarcar nuestros pensamientos en los patrones de pensamiento que consideremos convenientes; tanto así que somos capaces de elegir los pensamientos que queremos desarrollar y llevarlos a la práctica, tanto así que hasta somos capaces de aceptar unos sentimientos y de rechazar otros.

Así pues, la consciencia es una condición consubstancial al ser humano, y, a través de uno de sus componentes, el pensamiento, ponemos en acción otra de las características de nuestro espíritu: la voluntad. La voluntad es un tipo especial de pensamiento, un pensamiento capaz de liderar otros pensamientos, y de someter a los sentimientos. La consciencia me ha conducido inexorablemente a Dios, pero también existe este otro pilar sobre el que también se asienta la visión del mundo: la voluntad.

El nivel de consciencia, unido a la libertad en la elección de los pensamientos, es decir, a la libertad en el pensar, genera las opiniones en los individuos. Después, la voluntad pone a la opinión en acción. Si en este proceso no entran en juego los mandatos divinos, el resultado es una babel de opiniones, o lo que es lo mismo, una babel de visiones del mundo; en estas circunstancias la voluntad, que convierte la opinión en acción, no hace más que generar otra babel: la de las acciones.

Y ese es precisamente el gran problema del mundo contemporáneo: el hecho de que, como en la práctica excluimos cada vez más a Dios de nuestros procesos mentales, nuestro cuadro de opiniones se vuelve cada vez más caótico, más errático, más desorientado.

El resultado es que la voluntad, a su turno, genera otro enorme caos: el de las acciones. Las opiniones existen en muy diversos grados de formación y orientación, pero es finalmente la voluntad las que las convierte en hechos; y si esos grados de formación y orientación son caóticos, por no sujetarse al mensaje divino, en un caos también resultará el ejercicio de la voluntad. Las opiniones pueden estar firmemente arraigadas, hasta convertirse en convicciones; pueden ser frágiles y por lo tanto ser devoradas por las apetencias de los sentidos; las opiniones también pueden ser fuertes pero estar en contraposición con las apetencias; pueden, incluso, no existir. En cualquier caso, es la voluntad la que finalmente determina hasta qué punto la opinión determina la acción; y si en estos diversos estados de la opinión y de aplicación de la voluntad no está presente la influencia orientadora de Dios, los hechos serán necesariamente caóticos.

En el caso de las opiniones formadas, esto es, de las convicciones, los hombres, fieles a ellas, ajustan sus acciones a aquellas. Cuando observamos que un individuo no practica lo que predica, significa, sencillamente, que sus verdaderas opiniones no son las que afloran a la superficie; son otras, diferentes. O sencillamente, que sus opiniones no están del todo formadas, lo cual da por resultado que el individuo observe una conducta errática, indecisa. Pero la regla general, cuyas excepciones la confirman, es la de que hay una sintonía entre las acciones y las opiniones formadas.

La sintonía opera en todas las categorías morales. El hombre de las acciones buenas actúa así porque está persuadido de que en esa forma debe actuar. Pero ¡oh calamidad!, entre los hombres malos tiene lugar la misma sintonía: tanto el más refinado embustero de cuello blanco cuanto el más avezado terrorista, están convencidos de que lo que hacen es lo que verdaderamente deben hacer.

En este punto cabe una pregunta. ¿Por qué un convencimiento genuino puede conducir tanto al bien como al mal? ¿Cómo se explica que un hombre se convenza de que no debe asesinar y otro de que sí? ¿Por qué el uno aplica su voluntad-libertad en dirección al bien y el otro en dirección al mal?

Se podría pensar que las diferencias sociales o el medio influyen en la decisión; pero hay infinidad de ejemplos de personas que estando en el mismo medio y bajo las mismas condiciones sociales, obran en sentidos diametralmente opuestos. Entonces se podría pensar que no nacemos iguales sino equipados, física o espiritualmente, de diferente manera. No tengo argumentos a favor o en contra de esta segunda posibilidad, pero lo que sí puedo decir es que hay personas malas que se vuelven buenas y personas buenas que se vuelven malas; incluso puedo decir que a veces las personas buenas realizan acciones malas, y que personas malas a veces hacen cosas buenas. Esto demuestra que, si acaso existe tal equipamiento original heterogéneo, éste no constituye un determinismo. Hay algo más que hace que los comportamientos no estén fatal y totalmente predeterminados.

Hace sentido pensar que ese "algo" sea la existencia de dos "voces" diferentes: la del bien y la del mal; la de Dios y la de Satanás. El hombre es el que decide cuál de las dos ha de seguir; ahí emerge el rol crucial de la voluntad. Si no hubiera esta dualidad de influencias, ¿qué sería, entonces, lo que hace que los comportamientos difieran?

Si consideramos el mundo en su conjunto, veremos que, en el fondo, de lo que estamos hablando es de opiniones homogéneas y opiniones heterogéneas. Las opiniones homogéneas se originan en orientaciones también homogéneas: los mandatos divinos[1]; ellos son los que confieren homogeneidad a las opiniones. Las opiniones heterogéneas, en cambio, se originan en orientaciones humanas, a menudo azuzadas por el mal.

El pensamiento relativista. Infelizmente, lo que se observa en todo el mundo es una clara tendencia a la heterogenización de las opiniones, debido a que, como señalé, prescindimos cada vez más de Dios en nuestros procesos mentales cotidianos y, por lo tanto, nos privamos de contar con un referente fijo y confiable. Ello explica por qué relativizamos cada vez más los principios morales dados por Dios, encontrando siempre una excusa para alejarnos de ellos, para incurrir en "justificadas" excepciones.

El pensamiento relativista es capaz de encontrar una justificación "razonable" hasta para la más abyecta quiebra de los principios morales básicos ("Sí...pero"). No se debe robar, sí pero voy a robar a un corrupto, y "quien roba a un ladrón tiene cien años de perdón". No se debe interrumpir la gestación de la vida, sí pero el aborto es un derecho de la mujer. No se debe matar, sí pero lo hacemos para llamar la atención pública sobre la injusticia de que somos víctimas. No se debe usar armas de destrucción masiva, sí pero lanzamos bombas atómicas matando a decenas de miles para salvar la vida de los nuestros.

A menudo las relativizaciones nos llevan a flagrantes contradicciones con nosotros mismos, esto es, a actuar en sentido contrario a nuestras

---

[1] Es sorprendente observar cómo el substrato de las grandes religiones es prácticamente común a todas ellas. Los caminos de todas ellas, bien entendidos, pueden conducir a Dios. "Creo en las verdades fundamentales de todas las grandes religiones del mundo. Creo que todas nos fueron dadas por Dios y que han sido necesarias a quienes les fueron reveladas. Y creo que si solo fuéramos capaces de leer las escrituras de las diferentes religiones con el punto de vista de los seguidores de aquellas, hallaríamos que, en el fondo, todas son una y son útiles unas a otras", decía Gandhi.

convicciones previamente declaradas, o lo que algunos llaman el "doble discurso", aduciendo situaciones de excepción que en el fondo son solo burdas excusas con las que tratamos de encubrir nuestra debilidad espiritual. En esa noble actividad pública que es la política, hay, lamentablemente, muchísima gente que practica el doble discurso.

Empero, el tema del pensamiento relativista puede suscitar algunas dudas. Es entendible que nos planteemos estas preguntas: ¿*siempre* es malo el pensamiento relativista?, ¿hasta qué punto lo es? Mentir es malo, "pero si estuviésemos viviendo en la Alemania nazi y la Gestapo tocara a la puerta buscando judíos, seguramente estaría bien negar la existencia de la familia judía que se esconde en el ático", dice Singer[2]. "Las normas simples entran en conflicto en situaciones poco usuales; e incluso cuando no lo hacen, seguir una norma puede conducir al desastre", agrega el mismo autor.

A veces la letra de la ley es insuficiente para administrarla con justicia y equidad. A veces, seguir rigurosamente su tenor literal puede conducir a cometer injusticias clamorosas, casos en los cuales es necesario relativizarla, confrontando las circunstancias del hecho que se juzga con el espíritu de la ley. Desde luego, invocar el espíritu de la ley tiene sus propios riesgos por los abusos que en su nombre se cometen.

¿Donde está entonces la verdad? ¿Dónde termina lo moral y empieza lo inmoral? ¿Es acaso mejor no seguir norma alguna sino obrar de acuerdo a las circunstancias, como dice Singer?

Me parece que la verdad está en la guía divina *contextualmente* entendida. Trabajar en sábado estaba prohibido a los judíos. Con ello en mente, los fariseos preguntaron a Jesús: "¿Es lícito curar en sábado?". A lo que Jesús respondió: "¿Quién será el hombre entre ustedes que tenga una sola oveja y si ésta cayera en un hoyo en sábado no le echará mano y la sacará?; ¡De cuánto más valor es un hombre que una oveja!"[3]. Es que no es malo el relativismo que sirve al mandato divino de amor; no es malo el relativismo de inspiración divina; el malo es el otro, el que no se inspira en objetivos de amor, sino en otros, inconfesables; el que solo es un instrumento para justificar lo injustificable.

---

[2] Peter Singer, "Ética Práctica".
[3] Mateo 12:11-12

Es evidente que cuando el relativismo moral tiene por objeto fines egoístas, usufructos personales o de grupo, es inmoral y condenable. Kant salió al paso de esta clase de relativismo formulando su conocido imperativo categórico: "Obra de manera que puedas querer que el motivo que te ha llevado a obrar sea una ley universal". Pero hoy estamos viendo que aún esto es insuficiente, pues no todo universalismo es bueno. No todo lo que llega a ser motivación universal, ni todo lo que se globaliza, sirven al ascenso integral de la especie humana. El único universalismo garantizadamente bueno es el amor universal. Una vez más la guía divina, expresada a través de Moisés hace más de tres mil años, y ratificada después por Jesús, funciona[4].

Ahora, volviendo a la voluntad, es decir, a aquello que nos induce a la acción, debemos decir que ella es lo bueno o lo malo, lo sublime o lo abyecto, según que las opiniones en que se base estén o no orientadas por Dios. La voluntad es una cosa poderosa, enormemente buena o terriblemente mala, según las opiniones que la inspiren.

En resumen, las visiones del mundo exclusivamente científico-tecnológicas son insuficientes. Las visiones fundamentadas en moralidades exclusivamente humanas conducen al caos. Lo mismo ocurre con el pensamiento relativista, salvo cuando lo inspira el amor universal. Por todo ello, no podemos prescindir de Dios en nuestra visión del mundo; no podemos sustituirlo por circunstancias exclusivamente humanas.

---

[4] Deuteronomio 6:5 (amor a Dios); Levítico 19:18 (amor al hombre).

CAPITULO II. VISIÓN GENERAL DE LA SOCIEDAD HUMANA.

Al no poder prescindir de Dios en nuestra visión de la sociedad y del mundo, tenemos que incluirlo, por coherencia con esa conclusión. Así, la aceptación de Dios y de sus mandatos, se convierte en el punto de partida para una visión integral de la sociedad y el mundo.

A ese punto de partida voy a agregar este otro: el principio filosófico de que el ser es lo que es y que será lo que será. Este principio, pese a su aparente irrelevancia, constituye la más confiable definición que uno pueda forjarse de la realidad. El hombre puede teorizar todo lo que quiera del ser y por ende de la realidad, pero el ser, y con él la realidad, seguirá siendo lo que es, independientemente de lo que nosotros nos imaginemos que es.

El primer punto de partida nos proporciona la más alta atalaya con la que podamos contar para una visión global de la aventura humana. El segundo nos permite superar definitivamente el debate realismo-idealismo, que ha hecho presa del pensamiento filosófico desde hace ya demasiado tiempo, pues supera el debate respecto a qué es lo que existe.

Estas dos consideraciones generales serán mi guía para estudiar un ser (en el sentido de *ente*) especial. El ser que me propongo explorar es la sociedad humana considerada en su conjunto, y más específicamente, su parte aún no bien conocida, la parte sumergida del iceberg. Este ser es lo que es, más allá de lo que de él conocemos y de lo que nos falte por conocer. Ahora debemos explorarlo más profundamente; y, habiendo aceptado la existencia de Dios, tal exploración hemos de llevarla a cabo en el contexto de nuestra relación con el Creador.

Pero, se preguntará el lector, ¿por qué examinar la sociedad humana? La razón es obvia: porque he aceptado la guía divina, y ésta pone el acento en el desarrollo espiritual-individual, y el ámbito natural donde tal desarrollo se puede expresar es la sociedad humana, más allá de que lo haga o no. Es en la sociedad humana donde se refleja el desarrollo, o el no desarrollo espiritual del yo.

Este ser que es lo que es y que será lo que será; que es parte de la realidad, ¿qué es? Muchas cosas de la sociedad humana nos son aún desconocidas, a pesar de que nosotros mismos somos parte de ella; nosotros mismos la formamos. Pero tal vez lo más importante que aún nos es desconocido, por no haberlo explorado lo suficiente, sea lo concerniente a las relaciones existentes entre el espíritu individual y la sociedad.

El ser que vamos a estudiar es, entonces, ese conjunto organizado "de personas, familias, pueblos o naciones" (RAE) llamado sociedad. Un ser que tiene su propia individualidad y que por lo tanto es diferente de las personas que lo componen. Este es un ser al que cabe considerarlo no solo como ser-fenómeno, esto es, como ser en cuanto a su parte visible, sino también como ser que tiene una dimensión profunda. ¿Por qué digo que tiene una dimensión profunda? Simplemente porque así como tiene una parte fenomenológica, conocida, visible, hay motivos más que suficientes como para considerar que también tiene una parte aún desconocida, sumergida.

Parecería que, por estar formada por nosotros mismos, la sociedad humana planetaria no debería tener secretos para nosotros los humanos; que nosotros deberíamos conocer todo lo que ella es. Podría parecer errado pensar que la sociedad pueda tener una parte que aún nos es desconocida; pero no hay tal error, la sociedad sí tiene aspectos que aún no conocemos; sí es procedente pensar en ella como ser con implicaciones profundas y no sólo como una manifestación fenomenológica.

Los factores que me inducen a pensar que la sociedad tiene una región desconocida y que, en consecuencia, podemos pensar en ella en términos de ser con implicaciones profundas, son éstos: sus potencialidades intrínsecas, las consecuencias del accionar social y su evolución de largo plazo.

Las potencialidades intrínsecas de la sociedad. En las fuerzas vitales de la sociedad radica el germen de innumerables emprendimientos y direccionalidades sociales, que no conocemos en su totalidad. Lo que fundamentalmente implican las potencialidades intrínsecas de la sociedad, es su capacidad para cambiar. Por ello, no podemos tener la certeza de que lo que la sociedad es hoy, seguirá siendo mañana. Aunque presumiéramos de conocer todo lo que la sociedad es, no podríamos presumir de saber todo lo que llegará a ser.

La capacidad para cambiar no necesita demostración alguna pues es por demás evidente que la sociedad la tiene. Más aún, desde hace mucho tiempo hay una clara y espontánea preferencia por el cambio, frente a la alternativa de mantener las tradiciones. Las manifestaciones del cambio social son, aparte de innumerables, muy evidentes, como: el creciente grado de complejidad de la sociedad; la creciente intercomunicación entre sus miembros; la planetización de las relaciones humanas; el rápido avance tecnológico en todos los campos; el enraizamiento del desempleo y subempleo; la incesante búsqueda de mayores niveles de eficiencia productiva; la ausencia de solidaridad económica entre personas y naciones; el crecimiento del fenómeno delictivo a un ritmo más acelerado que el de la población; etc. Todas estas son evidencias de que la sociedad cambia, y que lo que la sociedad es hoy, no necesariamente es lo que será mañana.

La sociedad de fines del siglo XVIII fue remecida hasta sus raíces por el paso de la monarquía a la democracia. Los cambios que se generaron a partir de este hecho fueron enormes. Los súbditos de las monarquías europeas no habrían podido siquiera imaginarse cómo sería la sociedad del futuro bajo las nuevas reglas del juego. Un claro ejemplo de que lo que la sociedad es hoy, no necesariamente es lo que será mañana.

Las consecuencias del accionar social. La sociedad humana es una intrincada red de relaciones causales, en la que cada efecto, a su vez, se transforma en causa, al punto que es difícil imaginar una relación causal que termine en un determinado efecto, sin que éste, a su vez, se transforme en causa, es decir, sin consecuencias posteriores. Los mismos cambios derivados de las potencialidades intrínsecas que tiene la sociedad para cambiar, son parte de esa intrincada red. Todo ello hace que no pueda ser aprehendido, clara y distintamente, todo el ámbito de esa red de relaciones causales. Ni siquiera que puedan ser anticipados, clara y distintamente, todos los efectos de cada accionar social. Es muy difícil, por ejemplo, anticipar todos los efectos sociales de cada avance tecnológico importante.

Las consecuencias del accionar social son cruciales, pues unas se dan en dirección al bien y otras en dirección al mal. Las primeras para mejorar la sociedad, para elevar al hombre; las segundas para degradarla.

Ahora bien, si no es posible distinguir clara y distintamente los contornos de esa intrincada red de relaciones causales, tampoco es posible conocer lo que la sociedad es, peor lo que llegará a ser. Los adelantos tecnológicos en el campo del transporte y las comunicaciones contribuyeron decisivamente a la planetización de las relaciones humanas, especialmente en lo económico y lo cultural. A su vez, las consecuencias de la planetización, especialmente las de largo plazo, no se avizoran en forma clara y distinta. Siguiendo la dialéctica de la Historia, han empezado a emerger movimientos que se oponen al proceso, de planetización, pero ¿hasta qué punto se desarrollarán estos movimientos? ¿Seguirán siendo manifestaciones contestatarias meramente intuitivas y emotivas, o por el contrario llegarán a estructurar un contenido ideológico que las vuelva convincentes y eficaces, al punto de modificar el proceso mismo de planetización? Nada de esto es posible prever. Si no es posible conocer en profundidad lo que la sociedad es, menos posible aún es conocer lo que llegará a ser.

La evolución social de largo plazo. Tal vez la prueba más contundente de que no conocemos todo lo que la sociedad es, y sobre todo, lo que llegará a ser, sea el hecho de que nadie ha podido discernir a dónde conduce el curso general de los acontecimientos de la sociedad humana planetaria considerada en su conjunto. Los historiadores se esfuerzan por ofrecer interpretaciones generales de la Historia, que finalmente quedan siendo sólo eso, interpretaciones. Los teóricos construyen ideologías que tratan de explicar cómo funciona la sociedad. Ni siquiera sabemos a ciencia cierta si la Historia es cíclica o repetitiva, o por el contrario, unidireccional o secular.

Se han hecho esfuerzos tanto para entender el funcionamiento y la evolución de aspectos específicos de la sociedad, como para comprender la evolución de toda ella. Ejemplo de lo primero fueron las numerosas teorías que surgieron a partir de la Gran Depresión de los años 30, con miras a entender las causas y la dinámica del ciclo económico, teorías que, por cierto, aportaron elementos de juicio valiosos para un mejor entendimiento y manejo de los agregados macroeconómicos, no obstante lo cual, aún hoy no podemos decir que conocemos a cabalidad el intrincado tejido de causas y efectos involucrados en el ciclo económico. Tal vez el ejemplo más relevante de lo segundo -la evolución de la sociedad planetaria- sea la visión de una consciencia planetaria, la Noosfera, de Teilhard de Chardin, que sin embargo, por lo abarcante de su visión, sólo puede ser la opinión respetable de un gran visionario, a ser tenida en cuenta como referente en nuestras lucubraciones sobre el futuro de la humanidad.

Pero a despecho de todo lo dicho, en cuanto a que no conocemos todo lo que la sociedad es ni lo que llegará a ser, es evidente que las ciencias sociales aportan cada vez más elementos de juicio para entenderla en toda su complejidad; es el proceso de conocimiento progresivo de la realidad. Hay épocas como la actual, principios del siglo XXI, en que no se notan grandes esfuerzos ni avances en este conocimiento, y más bien lo que impera es la perplejidad frente al vertiginoso devenir de los hechos sociales, así como las visiones fraccionadas de la realidad social, las "microhistorias"; pero hay que recordar que en otras épocas, como en el Siglo de las Luces, sí se hicieron grandes esfuerzos por entender el devenir social en su conjunto. Pero, consideradas todas las épocas por las que ha atravesado el conocimiento de lo social, épocas fructíferas unas y estériles otras, es evidente que el conocimiento sobre nosotros mismos ha ido en aumento.

En otras palabras, no conocemos la sociedad profunda, pero sí nos es posible tener un conocimiento progresivo de ella. El hecho mismo de que ahora nos propongamos indagar acerca de las relaciones existentes entre el espíritu individual y la sociedad, incursionando así en territorio poco explorado, revela la intención de avanzar en el conocimiento de lo que la sociedad humana planetaria es.

Mas he aquí que si insertamos el tema del conocimiento de la sociedad en el tema más amplio de nuestra relación con Dios, la cosa cambia radicalmente, en el sentido de que la comunicación Dios-hombre sí nos proporciona un conocimiento general y básico respecto a lo que la sociedad llegará a ser.

El pensamiento nos lleva no sólo a conocer sino también a creer. Pues bien, el creer, a su vez, nos puede llevar a tener una visión básica respecto a lo que la sociedad llegará a ser. El creer cristiano, por ejemplo, me lleva a tener una visión de una sociedad en constante deterioro moral, pero también a la visión de una sociedad mejor, purificada -quien sabe cuándo- prevista en el proyecto divino. Otras religiones, por su parte, pueden inducir visiones iguales, parecidas o diferentes. En esta forma, tengo que reconocer que mi indagación respecto a las relaciones espíritu-sociedad estarán antecedidas de una creencia previa, la creencia de mi personal religión. Tendré que convivir con esta situación, evitando que mis creencias perjudiquen el rigor del análisis.

En resumen, al abordar el análisis social desde estas dos perspectivas básicas: el mandato divino de amor, y el principio filosófico de que el ser es lo que es, nos percatamos que hay importantes aspectos de la sociedad que aún no conocemos, a pesar de que nosotros mismos formamos parte de ella. Por eso nos proponemos estudiarla desde esas dos perspectivas básicas.

Al ser la sociedad un ente distinto de los humanos y organizaciones de humanos que la conforman, es perfectamente válido preguntarnos qué es la sociedad en cuanto a sus implicaciones profundas y desconocidas, y no sólo en cuanto fenómeno conocido. La sociedad, como el iceberg, tiene una parte conocida y otra desconocida. En las relaciones espíritu-sociedad, tema insuficientemente analizado, probablemente hayan muchos aspectos que nos son aún desconocidos.

Hay por lo menos tres factores que explican la existencia de una región social desconocida: las potencialidades intrínsecas de la sociedad, que confieren a ésta una gran capacidad de cambio; las consecuencias del accionar social, dadas por el hecho de que la sociedad es un complicado tejido de causas y efectos; y, la evolución social de largo plazo, que nos pone ante elementos científicos, tecnológicos y filosóficos de incertidumbre respecto al futuro de la sociedad. No obstante todo ello, tenemos y podemos seguir teniendo un conocimiento progresivo de la sociedad.

APENDICE

Un claro ejemplo de que no conocemos todo lo que es la sociedad, es lo que en otro ensayo ("Necesidad Social y Economía Política Profunda", 1993) denominé "Necesidad Social". He aquí una síntesis de sus conceptos básicos.

En toda nación, grupo de naciones o en el mundo en su conjunto, existe una masa de necesidades constituida por todas las apetencias, individuales y colectivas, de todos sus habitantes, de las cuales unas se satisfacen totalmente, otras parcialmente, otras no se satisfacen en absoluto, y otras, finalmente, se sobresatisfacen de una manera espuria. Si de esa masa de necesidades excluimos aquellas que en el fondo son espurias o falsas, lo que queda es la *Necesidad Social*. Pero el enmarcarnos en el concepto de Necesidad social nos obliga a pensar que la satisfacción de lo que queda, esto es, de las necesidades genuinas, no se ha de hacer de cualquier forma, sino en un marco de racionalidad colectiva, pues la Necesidad Social no es solo solidaridad, sino también racionalidad. La Necesidad Social es una utopía, en la medida que su satisfacción es un ideal aparentemente inalcanzable, pero es una realidad, en cuanto existe. No es tangible, pero sí inteligible. No se la ve, pero ahí está.

La Necesidad Social no es igual a la masa de necesidades de la demanda potencial, o de la demanda efectiva, o de la mera suma de las dos. Tampoco es igual a las necesidades básicas o a las colectivas, aunque las incluye.

El hecho de que la Necesidad Social esté constituida por todas las necesidades de todos los individuos de una comunidad, excluidas las necesidades espurias, es su característica cuantitativa; y, el que su satisfacción deba enmarcarse en un esquema de racionalidad colectiva, su característica cualitativa. De la característica cuantitativa derivan dos desafíos fundamentales para toda sociedad: el de disponer de una masa de bienes y servicios que sea capaz de satisfacer todas las necesidades genuinas de toda la población; y, el de crear y distribuir entre los miembros de ésta una capacidad adquisitiva tal que permita a la totalidad de los individuos tener acceso a aquella masa de bienes y servicios.

Las características de la Necesidad Social nos revelan que la satisfacción de ésta es incompatible tanto con el subconsumo como con el consumismo, y que, además, exige una actuación socialmente racional de la sociedad, en línea con el destino superior del hombre.

El hombre siempre ha descuidado la satisfacción de la Necesidad Social. Hay ejemplos relevantes harto conocidos. El armamentismo, al desviar ingentes cantidades de recursos hacia su utilización en fines perversos, restringe las posibilidades de atender las exigencias cuantitativas de la Necesidad Social. Los graves trastornos que sufren los recursos naturales y el ambiente -debidos al descontrolado crecimiento demográfico y a la irracionalidad en el uso de esos recursos- constituyen una flagrante transgresión a los preceptos cualitativos de la Necesidad Social. El subconsumo que sufren grandes masas humanas es una clara muestra de la incapacidad del sistema social planetario para crear y difundir la capacidad de compra que la satisfacción de la Necesidad Social exige. El desperdicio de energéticos no renovables y los excesos del desarrollo tecnológico son otras tantas transgresiones a los preceptos básicos de la Necesidad Social.

Una comunidad que intentase satisfacer plenamente su Necesidad Social, y sólo su Necesidad Social, requeriría una planificación macroeconómica efectiva y, sobre todo, transformarse en una sociedad espiritualmente renovada. Así mismo, tendría que amar su medio ambiente y la naturaleza; reorientar su desarrollo tecnológico; y, resistir las presiones e influencias, adversas a la satisfacción de la Necesidad Social, provenientes del entorno mundial.

La Necesidad Social tiene su propio proceso de conocimiento progresivo, sólo que éste ni siquiera lo hemos iniciado todavía. Las circunstancias atingentes a la Necesidad Social y en particular a su satisfacción, es lo que debería constituir el centro de preocupación de la Ciencia Económica. Ella debería enfilar sus esfuerzos hacia la búsqueda de una explicación de cómo funcionan los sistemas económicos en relación a la satisfacción de la Necesidad Social. Y esto es precisamente lo que la Ciencia Económica no hace. Resultado de todo ello es que tenemos un desconocimiento casi total de la Necesidad Social, más aún, ni siquiera nos hemos enterado de que ella existe. Este desconocimiento de la Necesidad Social es una clara evidencia de que no conocemos la sociedad profunda, sobre todo si enfocamos nuestra atención no a una sociedad específica, sino a la sociedad humana planetaria.

CAPITULO III. LA ESTRATEGIA EXTERNA.

Una forma de iniciar nuestra incursión por la región desconocida de la sociedad, es considerando -de una manera general- cómo el hombre conduce los asuntos sociales.

La voluntad -y la libertad para aplicarla- son las bases del hombre para el manejo de la sociedad. ¿Y cómo las usa? Los análisis que haremos tienen por objeto tratar de entender cómo lo hace. Es importante que a través de estos análisis intentemos forjarnos una visión de conjunto planetario, pues lo que interesa es tratar de responder a preguntas que atañen al colectivo humano en su conjunto, tales como: ¿hacia dónde vamos?, ¿Qué se avizora para el mundo en lontananza?, ¿Hay rumbos que la raza humana debe enmendar?, ¿Qué debemos hacer para lograrlo? Todas estas preguntas se refieren al colectivo humano, a la sociedad humana planetaria.

Nuestro yo interno y el contexto social. El segundo mandato divino -el del amor al hombre- supone una relación de causa a efecto entre el espíritu individual y el contexto social (si no fuera así ¿qué sentido tendría el mandato?); entre la realidad interna de cada uno de nosotros y la sociedad; entre la forma cómo funciona nuestro fuero interno y la forma cómo funciona la sociedad. Si no existiera esta relación, no se entendería el sesgo hacia lo individual que tiene la guía divina. Si no hubiera esta relación, de lo individual a lo colectivo, la guía divina versaría, más bien, sobre temas organizacionales. Pero no versa sobre lo organizacional sino sobre el desarrollo espiritual individual. Por eso, porque existe una relación entre lo individual y lo colectivo, es que la sugerencia divina apunta a que busquemos primero el desarrollo espiritual individual, en la seguridad de que el resto vendrá por añadidura.

Pero esta consideración, la de que existe tal relación de causa a efecto, podría inducirnos a hurgar en busca de relaciones complejas y detalladas, ampliamente investigadas por las ciencias sociales, entre lo sicológico y lo sociológico, entre lo individual y lo colectivo, lo cual nos llevaría a interminables lucubraciones que desviarían nuestra atención de lo principal. Entonces, ¿por qué no limitarnos a considerar la relación de causa a efecto entre el pensamiento y la conducta[5], esto es, entre los patrones de pensamiento y el proceder colectivo? ¿Por qué no investigar las relaciones existentes entre los patrones de pensamiento que nos dio Jesús y nuestro contexto social? Al fin y al cabo, si hemos aceptado la existencia de Dios, ¿por qué no habríamos de aceptar centrar nuestro análisis en los niveles cognoscitivos que Dios nos puso por delante, sin pretender demostrar, a través de un petulante cientifismo, que somos más perspicaces que Dios en materia de análisis social?

Limitémonos pues, en nuestro análisis, a los parámetros que Dios nos dio; no caigamos en la trampa de la propia Sicología, que nos conducirá por los interminables vericuetos del análisis cognoscitivo, de las consideraciones afectivas, de las manifestaciones de la personalidad. Ni en la de la Sociología, que luego de investigar la naturaleza, causas y efectos de las relaciones sociales entre individuos y grupos de individuos, nos sumergirá en las corrientes sociológicas contemporáneas y nos mostrará tantos escenarios cuantos campos de interés tiene esa ciencia. Vayamos a lo más simple pero al mismo tiempo más importante y fundamental; a aquello que más directamente está vinculado con la conducta y por ende con el contexto social, esto es, las formas de pensar.

No caigamos en el error de creer, con Aron[6], que existe una separación absoluta -una alienación- entre el yo interno y el contexto social, lo cual nos llevaría a concluir que mejorar nuestra forma de pensar no servirá de nada para mejorar el contexto, dada la supuesta estanqueidad existente entre éste y el yo, lo que, a su vez, equivaldría a sostener que no sirve de nada aplicar el mandato de amor al hombre. Es verdad que el contexto social restringe la posibilidad de que las buenas disposiciones internas del individuo se expresen y se apliquen externamente -eso lo veremos más adelante- pero ello no desvirtúa, en absoluto, el hecho cierto de que el yo interno sí influye en el contexto. El hecho de que el contexto social se haya vuelto tan poco permisivo para la aplicación del mandato de amor al hombre, no es otra cosa que la consecuencia de la mala disposición individual de una gran pluralidad de individuos, que ha influenciado para que el contexto llegue a tener esa

---

[5] Recuérdese, para estos efectos, que los pensamientos incluyen uno muy especial: la voluntad, y que éste impera sobre los demás pensamientos y sobre los sentimientos.

[6] Raymond Aron, "Progreso y Desilusiòn".

característica. En otras palabras, significa que las formas de pensar sí influencian en el contexto, para bien o para mal.

Registremos, pues, esto en nuestra mente: el yo interno de cada individuo sí influye en el contexto social, en favor del bien o en favor del mal. Probablemente la influencia de un yo aislado, sea marginal o insignificante, pero una gran pluralidad de consciencias y de formas de pensar, actuando en un mismo sentido, bueno o malo, formarán una convergencia capaz de hacerle mucho bien o mucho mal al contexto. Todo ello, sin dejar de reconocer que hay casos de individuos conspicuos cuya influencia individual puede ser muy grande en el contexto social, como son, por ejemplo, los casos de ciertos líderes políticos y religiosos.

La estrategia externa. Lo lógico, entonces, sería que, para mejorar el mundo, mejoremos nuestro propio yo interno, nuestras formas de pensar. Que si el entorno no funciona como debiera, ataquemos las causas profundas que lo impiden. Aquí es donde empieza a emerger la gran paradoja de la sociedad contemporánea. La estrategia de la sociedad humana, considerada en su conjunto, para mejorar el mundo, centra su atención en lo externo al hombre, en lo organizacional del propio entorno, no en el mejoramiento del yo interno; no en el mejoramiento de las formas de pensar, a pesar de que el desarrollo de lo interno es lo realmente importante. La estrategia externa de la sociedad considerada como un todo, es la de hacer uso de arbitrios organizacionales y tecnológicos, con los cuales la humanidad pueda conseguir su felicidad; organizar tan eficazmente la sociedad, mediante sistemas sociales perfectos, que no sea necesario preocuparnos mucho por cambiar y mejorar nuestros personales patrones de pensamiento. O, como dijo Gandhi: "Soñar con sistemas tan perfectos en que nadie necesite ser bueno".

La estrategia externa es la forma cómo el hombre usa su voluntad-libertad para administrar su mundo. Pero aclaremos algo, antes de seguir adelante: existen dos clases de estrategias externas, según los objetivos perseguidos.

Hay una estrategia externa cuyo objetivo sí es mejorar el yo personal. Las enseñanzas de Jesús constituyen la más elevada estrategia externa de este tipo. La acción de las organizaciones religiosas; algunas actividades educativas del estado; las cada vez más escasas actividades docentes de las familias; los buenos ejemplos personales, etc., son casos de estrategias externas que sí buscan mejorar el yo individual de las personas. El denominador común de todos estos casos es su objetivo de educar y mejorar el mundo interior de los individuos. Este tipo de estrategia externa no es objeto de la crítica que se desarrolla en este libro. No es a esta estrategia externa a la que apuntan mis cañones.

Hay otro tipo de estrategia externa cuyo objetivo no es mejorar el mundo interior de la gente, sino, simplemente, organizar, desarrollar o mejorar la sociedad, desde afuera y para el afuera. Su objetivo no apunta al corazón de la gente, sino al contexto social. La educación exclusivamente científico-tecnológica constituye un ejemplo de este segundo tipo de estrategia externa. Se trata de un sesgo materialista, científico-tecnológico, con el cual no es posible el desarrollo integral de la sociedad, pues no atiende al desarrollo de los valores morales al interior de cada individuo.

La estrategia externa sobre la que voy a centrar mi reflexión y mi crítica, cree en la espontaneidad del desarrollo social, sin parar mientes en la necesidad forzar el desarrollo espiritual individual. En adelante me referiré a ella simplemente como *estrategia externa,* en el entendido que me refiero a esta última. Esta parece atrapada por la idea de la evolución cultural, en cuanto proceso analógico al de la evolución biológica. Cree que, así como en el plano biológico hay un orden en el mundo de los seres vivos orientado a preservar y desarrollar todo aquello que vaya en su beneficio, también, en el mundo de lo cultural, hay un indetenible y espontáneo proceso de largo plazo que apunta al desarrollo y perfeccionamiento de la sociedad humana, que nos llevará a días mejores; es decir, el principio del finalismo biológico trasladado al campo cultural. Obviamente, la idea del evolucionismo cultural es fuertemente acicateada por los rápidos avances de la ciencia y la tecnología.

Pero el mejoramiento moral del yo interno no es el objetivo explícito y real de la estrategia externa. Ella, más bien, invierte las flechas y parece creer que el desarrollo de lo interno vendrá como subproducto, como consecuencia, del ordenamiento externo. Que, por ejemplo, el respeto al derecho ajeno será algo que sentiremos arraigado en nuestro yo, a fuerza de vernos permanentemente obligados por un ordenamiento externo que nos ordene respetarlo. La estrategia externa tiene, entonces, una concepción diametralmente opuesta a la doctrina cristiana, que más bien va de adentro hacia afuera.

El gran problema de la estrategia externa, es que la experiencia humana no avala la idea de que lo externo pueda corregir suficientemente lo interno. Lo más que ha logrado es represar el mal por períodos acotados de tiempo y por razones más bien de intereses específicos y coyunturales. Si fuese cierto que lo externo puede mejorar lo interno, debería haber un proceso generalizado, mismo que sea lento, de mejoramiento de lo interno. ¿Y cómo podría ser comprobable un proceso de mejoramiento de lo interno? A través de un mejoramiento permanente, espontáneo y generalizado de lo externo, el cual mejoramiento, a su vez, vendría a reforzar aquel mejoramiento interno inicial, es decir, tendría que ser perceptible una interacción desde lo sociológico a lo sicológico y viceversa. Pero no hay ni el más mínimo indicio de que lo externo esté mejorando lo interno en forma generalizada. Lo que es observable a lo largo y ancho del planeta es, más bien, un deterioro moral generalizado. Baste señalar, a título de ejemplo, que la tasa mundial de crecimiento de los actos delictivos violentos es superior a la tasa de crecimiento poblacional del planeta, prueba inequívoca de que lo interno no está mejorando, sino por el contrario, deteriorándose.

Lo que hay es un abandono del yo interno moral; un dejarlo librado a su suerte. No se ha producido una evolución positiva del yo moral, como lo supondría la hipótesis de la evolución cultural. Aquí lo que parece estar ocurriendo es un proceso de involución. Los buenos ejemplos de los que hablaba anteriormente son apenas una minoría frente a los malos paradigmas que surgen por todos lados, y son difundidos por los medios de comunicación. A tal punto se ha deteriorado lo moral del yo interno de la mayoría, que ahora lo que hay es, más bien, una influencia nociva en doble vía, esto es, de adentro hacia afuera y de afuera hacia adentro, con lo cual el contexto se va haciendo cada vez más adverso al desarrollo moral personal interno.

Sin perjuicio de todo lo dicho acerca de la estrategia externa, es necesario que hagamos un esfuerzo para entenderla cabalmente. Aunque parezca contradictorio con lo dicho anteriormente, debemos aclarar que no es su mera externalidad al yo lo que realmente define el carácter externo de esta estrategia. Lo que realmente lo define es su incapacidad para modificar positivamente el yo, de una manera generalizada, lo cual hace que quede siendo algo meramente superpuesto al yo, un cascarón ajeno y externo al yo, incapaz de modificarlo, generalizadamente, hacia el bien.

Las manifestaciones de la estrategia externa. Ahora bien, ¿cuáles son las manifestaciones de la estrategia externa?, esto es, del énfasis en lo exclusivamente organizacional? Probablemente sean muchas, pero las que creo que deben destacarse, por su importancia, son: la legislación, el evolucionismo, las ideologías, ciertas "pulsaciones" sociales y la ya mencionada educación científico-tecnológica.

La más obvia es la legislación, en su sentido amplio de normatividad a todo nivel. Es un abanico inmenso de normas que van desde las cartas políticas de los estados y los tratados internacionales, hasta las de alcance más limitado y especializado que podamos imaginar. Más allá de cuán funcional al mejoramiento del contexto social pueda ser la legislación, lo destacable es su vulnerabilidad frente al eventual o generalizado rechazo de que sea objeto en el fuero interno de cada quien. Ello nos lleva a concluir que se trata, más bien, de un marco referencial, un enunciado de intenciones. Pero tal vez lo más importante sea que la legislación, aún en los casos en que es idónea, y que realmente se la aplique, no permea la mente de la gente para hacer a ésta intrínsecamente mejor. Es, simplemente, una estructura superpuesta a nuestro yo, una disciplina que proviene del entorno nuestro y que en ciertas circunstancias nos vemos obligados a acatar.

Todas aquellas visiones del mundo que no centran su atención en el desarrollo espiritual individual, son, en esencia, formas de estrategia externa. Son esfuerzos por entender el mundo, pero siempre a partir de visiones sistémicas externas.

El evolucionismo es probablemente la forma de visión externa más arraigada. Confía ciegamente en que, en el largo plazo, las cosas mejorarán espontáneamente, de modo que no le preocupa el desarrollo espiritual individual, porque da por seguro que se producirá, o simplemente porque cree que lo organizacional del hombre irá perfeccionándose hasta alcanzar el desarrollo integral de la especie humana. El centro de atención del evolucionismo no es el desarrollo espiritual interno del individuo sino el curso general de los acontecimientos.

Una forma optimista -y muy en boga- de visión evolucionista, es la que sostiene que la evolución cultural ha llevado a Occidente a desarrollar aquello que se considera como la cima del proceso de evolución social: la dupla economía de mercado-democracia liberal. Lo esencial de la argumentación es que, a largo plazo, la historia de la humanidad no es cíclica, es decir, no es repetitiva, sino unidireccional, y que culmina con el afincamiento definitivo y universal de la economía de mercado y la democracia.

La economía de mercado, sostiene la argumentación, garantiza el máximo desarrollo de la ciencia y la tecnología, las cuales hacen posible la acumulación ilimitada de riqueza y con ello la satisfacción de las siempre crecientes necesidades humanas, todo lo cual conduce, además, a una homogeneización de las sociedades humanas, las cuales se ligan entre sí cada vez más, a través de mercados globales y de una cultura universal de consumo. La democracia liberal, por su parte, satisface la aspiración básica que siente todo hombre: la de que se le reconozca como humano, es decir, como un ser con valor y dignidad; que se le reconozca su opinión.

Así, porque la economía de mercado es la que mejor satisface los deseos materiales de la sociedad, y porque la democracia satisface adecuadamente el deseo de reconocimiento que todos los seres humanos y grupos sociales sienten, el desarrollo de ambas, economía de mercado y democracia liberal, significa el fin de la búsqueda de nuevas formas de organización social y política, el fin de la Historia, según la visión de Francis Fukuyama, su principal propugnador[7].

Esta visión, como fácilmente se colige, es absolutamente externa, absolutamente organizacional; no se preocupa para nada por el desarrollo de lo interno, por lo cual, y como sucede con todas las visiones exclusivamente externas, es una visión incompleta. Tan poco tiene en cuenta lo interno, que sólo de pasada, en forma muy marginal, minimizando su importancia, señala que los "problemas", esos problemillas, de la democracia-economía de mercado, no son tan graves como para que hayan de conducir necesariamente al colapso de la sociedad en su conjunto, "al modo como el comunismo se hundió en los años ochenta" [8]

Pero la visión evolucionista-externa más abarcante es, probablemente, la de Teilhard de Chardin. Para él la conciencia es una propiedad de la materia, que está en constante evolución. Se expresa tanto en formas rudimentarias de conciencia -como en la célula- como en esa forma superior de conciencia que es la reflexión humana. Adhiere a la idea de que, si la cooperación de billones de células del cerebro puede generar capacidad de conciencia en el hombre, igualmente la interacción síquica de miles de millones de seres humanos

---

[7] Francis Fukuyama, "El Fin de la Historia y el Ultimo Hombre".
[8] Francis Fukuyama, obra citada.

puede generar un ente consciente de nivel planetario. Así emerge su visión de la Noosfera. Llegará un momento en que la Noosfera se "desprenderá" de su base física planetaria para consumarse en el Punto Omega -Cristo- y, previamente quizás, para también fusionarse con otras noosferas cósmicas.

Un evolucionismo absoluto y extremadamente abarcante el de Teilhard de Chardin; que tiene su base en lo físico -como en los demás evolucionistas- pero que culmina en lo espiritual, en la "sobrevida", para usar sus propios términos.

La suya es una visión externa al yo; meramente evolucionista, contemplativa del mundo externo. Si bien su punto de partida es su creencia de que la consciencia es una propiedad de la materia, es decir, un punto de partida intrínseco, en todo el desarrollo posterior de su pensamiento está casi ausente la necesidad de un desarrollo espiritual individual como fuerza motriz primaria. Las ideas fundamentales de Chardin se basan en el mero devenir, en un proceso evolutivo de gran alcance. Es un abandono más de lo espiritual-interno. Una no consideración de la necesidad de forzar un desarrollo espiritual, moral, de lo interno, que se refleja en la casi ninguna importancia que asigna al papel del mal, al cual casi no lo tiene en cuenta, dada su convicción de que habrá un desarrollo social espontáneo hacia el bien. Ninguna preocupación respecto a la necesidad de que cada individuo se esfuerce por derrotar el mal que hay en su interior. Es también una inversión de las flechas, pues parece creer que la evolución externa modificará el yo interno, para bien, para hacerlo funcional a la futura fusión de la Noosfera con el Punto Omega. Un mensaje implícito y posiblemente involuntario, de que no es necesario que nos esforcemos por mejorar nuestro micromundo interior espiritual-individual, pues la diosa evolución se encargará de todo.

La dialéctica, en sus versiones hegeliana y marxista, y en cuanto formas de abordar la comprensión de los procesos sociales, son formas externas de ver el mundo. A diferencia de los griegos, para Hegel y Marx la dialéctica se refería a momentos de la propia realidad. Las tesis, enfrentadas a sus antítesis, para vía síntesis fusionarse y generar nuevas tesis, son visiones absolutamente sistémico-externas cuando se aplican a la observación del fenómeno social.

Por su parte, las ideologías, que intentan proporcionar visiones globales del mundo, tampoco centran su atención en el desarrollo espiritual moral de cada individuo, sino que se basan en concepciones organizacionales de la sociedad y, en consecuencia, son también manifestaciones de la estrategia externa. Si bien se basan en lo que *debe ser*, éste es un debe ser externo. El talón de Aquiles de las ideologías es, precisamente, que no inciden sobre la conciencia individual, sobre el *debe ser* espiritual interno.

Además, a menudo las ideologías se convierten en fines en sí mismas, de modo que usan o intentan usar el conocimiento, no en función de la verdad, sino de la conveniencia de la propia ideología. El hombre, dice Jean-Francois Revel, se siente naturalmente inclinado a profesar alguna ideología que satisfaga su necesidad de una visión global del mundo. No tener una ideología sería conformarse con explicaciones fraccionadas del mundo, es decir, sería resignarse a no satisfacer su necesidad de una explicación global. Es por eso que los hombres crean o adhieren a, ideologías. Empero, su militancia con la ideología escogida es tan fuerte, que a ella supedita la búsqueda de la verdad. Así, no es la verdad la que prevalece sobre las ideologías, sino exactamente lo contrario. La enorme cantidad y variedad de información disponible en todos los campos del conocimiento, vale sólo en tanto y en cuanto respalde o se adecúe a la ideología escogida. El resto se pasa por alto, se deforma, se escamotea, pasa a ser *conocimiento inútil*, para usar la expresión del escritor. Este esquema es esencialmente válido en el campo del conocimiento social. En el campo de las ciencias experimentales la situación es diferente por la naturaleza misma de las materias estudiadas, no porque el investigador científico no quisiera, si de él dependiera, supeditar la búsqueda de la verdad a su "ideología" científica[9]. En todo caso, cualquier actitud que relativice la verdad, como la de los que ponen en un altar sagrado su ideología, no puede considerarse como base confiable para mejorar lo interno.

Otra manifestación conspicua de la estrategia externa es cierto régimen de *pulsaciones* que se advierte en el cuerpo social.

Los grandes problemas sociales suelen tener tres momentos: crecimiento, crisis y represión. Pensemos en un problema social cualquiera y veremos que su evolución se ajusta a este patrón. Por ejemplo, pensemos en el problema de la corrupción. En su etapa de crecimiento la corrupción se desarrolla inconteniblemente en todos los ámbitos sociales: pobres y ricos, ignorantes e ilustrados, débiles y poderosos; todos la practican, al punto que llega a

---

[9] Jean-Francois Revel, "El Conocimiento Inútil".

impregnar todos los pliegues del tejido social. En su etapa de crisis, el problema se ha hinchado tanto, que la sociedad no puede seguir subsistiendo, como estructura organizada, si no la combate decididamente; por lo tanto, en la etapa de crisis se desencadenan las fuerzas de control y represión de la sociedad, bajo el acicate del instinto de conservación social. Entonces la sociedad aplica medidas tendentes a controlar el mal. En el caso del ejemplo, podríamos imaginarnos a la sociedad estableciendo leyes especiales anti-corrupción, regímenes punitivos más severos que los anteriores, regulaciones sociales menos susceptibles de ser usadas corruptamente, asignaciones de recursos extraordinarios para combatirla, etc. Pero el objetivo real de estas medidas no es erradicar la corrupción, pues ella anida en el corazón de los hombres; el objetivo real es refrenar el problema hasta regresarlo a niveles tolerables.

Las crisis y las subsecuentes medidas de represión, se presentan cuando un problema social ha crecido demasiado y la sociedad hace un esfuerzo extraordinario para volverlo a niveles "normales", no para eliminarlo. Todo esto pone en evidencia que los correctivos aplicados por la sociedad no son más que claras manifestaciones de la estrategia externa.

Fácilmente podemos ver que lo que decimos para el problema de la corrupción también se aplica a otros problemas sociales de la más variada índole. Quizás en un futuro no lejano veamos a la sociedad mundial reaccionar más decididamente que ahora ante problemas que, hoy por hoy, están creciendo perturbadoramente, como es el caso de la delincuencia, el desempleo y la contaminación ambiental; mismo que las medidas que aplique no los solucionen de raíz, sino que meramente los refrenen.

Y así, como burbujas que crecen por aquí y por allá, hasta reventar (hacer crisis), los problemas sociales muestran una dinámica de pulsación: primero crecen, luego alcanzan su más alto nivel, y finalmente son refrenados. Después el mismo problema resurge, o quizás otros mientras se mantiene refrenado el anterior. Lo grave de las pulsaciones sociales es que cada vez es más difícil refrenar los problemas que ellas conllevan. Además, cada vez surgen problemas inéditos, que también deben ser controlados.

En fin, son muchas las manifestaciones de la visión externa. La educación exclusivamente científico tecnológica es otra de ellas, y lo es porque sencillamente el desarrollo espiritual individual basado en la guía de Dios, no es en modo alguno su centro de atención, sino cosas que están fuera de ese ámbito, como es la ciencia y la tecnología. Alguien dijo que si una civilización extraterrestre se infiltrase en el intrincado mundo de la sociedad humana, para investigarla y entenderla, probablemente identificaría órdenes culturales así: un orden científico-tecnológico; otro socio-económico; y, un tercero, político-militar. Pero, digo yo, más allá de este examen superficial de la sociedad, lo que más le llamaría la atención, una vez que la hubiese entendido mejor, sería ese tremendo desfase que existe entre lo espiritual-interno y lo externo, entre el yo y esos órdenes. Constataría con mucha pena -si acaso tuviera sentimientos espirituales de este tipo- el creciente deterioro de lo interno del hombre, a despecho de sus logros culturales.

Lo que caracteriza a la estrategia externa es su excesivo sesgo hacia lo meramente organizacional -en eso consiste la estrategia externa- sin preocuparse mucho por lo individual-interno, o, digo mejor, sin tener suficiente capacidad para mejorarlo generalizadamente. Las soluciones organizacionales que hoy damos a los problemas de la sociedad, y que ahora nos parecen buenas, después de algún tiempo nos parecen malas y las sustituimos por ótras, también de carácter organizacional. Pero estas nuevas soluciones también llegan a parecernos malas, por lo cual optamos por ótras, que a menudo son las mismas que habíamos establecido originalmente. Y así, vamos por la vida de tumbo en tumbo, tratando de dar soluciones organizacionales a problemas cuya raíz no es organizacional, sino de actitud individual.

Pero todo esto no quiere decir que lo externo no sea importante, incluso para una eventual modificación de lo interno a través del otro tipo de estrategia externa: la buena, la que practicó Jesús. No estoy proponiendo que nos desentendamos de las cuestiones organizacionales; no estoy propugnando una actitud nihilista; la organización social siempre será necesaria. Lo que quiero decir es que el papel decisivo lo tiene la condición del yo interno; lo externo es necesario pero complementario.

Hay que reconocer que de la organización externa pueden y deben partir las enseñanzas, religiosas o laicas, los paradigmas, los procesos educativos, que procuren mejorar lo interno. Lo que ocurre, lamentablemente, es que los procesos externos actuales son como estructuras superpuestas al yo interno, que no lo están modificando intrínsecamente hacia el bien, sino, simplemente, intentando disciplinar. Por ejemplo, la legislación trata de eliminar la corrupción, pero lo único que logra, en el mejor de los casos, es refrenarla, por la vía del temor al castigo; no logra crear en el yo interno, de una manera generalizada, una actitud intrínseca y genuina, basada en juicios morales, de rechazo a la corrupción. Pero tal vez en algunos individuos sí lo logra; de ahí la necesidad de no subestimar, y menos aún de abandonar, los intentos externos de modificación de lo interno, hacia el bien.

En resumen, el espíritu, esa unidad inmaterial intrínseca a todo ser humano, influye poderosamente en el contexto social, para bien o para mal. Lo lógico, entonces, sería que, para mejorar el entorno, mejoremos primeramente nuestro mundo interno moral, nuestras formas de pensar, enmarcándolas en los patrones de pensamiento que nos dio el Creador. Lo lógico sería que el ser humano maneje su mundo dando preeminencia al mejoramiento espiritual individual. Pero lejos de eso, la sociedad humana usa su voluntad-libertad para desarrollar una estrategia externa al yo, que pretende mejorar las cosas a través de medidas puramente organizacionales y tecnológicas. Estas medidas, como es obvio, no atacan las causas profundas del caos social, las cuales anidan en el espíritu individual.

La estrategia externa, cuyas manifestaciones más conspicuas son la legislación, el evolucionismo, las ideologías, las "pulsaciones sociales" y la educación científico-tecnológica, ha descuidado el desarrollo moral individual, o simplemente no tiene, por sí sola, suficiente capacidad para modificarlo, lo cual la ha llevado a un fracaso rotundo. A tal punto ha fracasado, que lo que se está produciendo a nivel planetario es un proceso inverso al esperado: una influencia nociva que va de adentro hacia afuera, del espíritu individual al entorno, que está volviendo a éste cada vez más inhóspito y menos permisivo para el desarrollo de los valores morales, lo que a su vez también desarrolla un feed back negativo que va de afuera hacia adentro.

Percibir la existencia de la estrategia externa y sus motivaciones, y entender cómo funciona, es la primera y más importante tarea que tenemos que desarrollar para adentrarnos en el conocimiento de la región desconocida, o muy poco conocida, del ser sociedad.

CAPITULO IV. EL SUBDESARROLLO ESPIRITUAL INDIVIDUAL.

Ahora debemos aguzar nuestra perspicacia para tratar de entender por qué lo de afuera no logra modificar generalizadamente y hacia el bien, lo interno. En esta forma nos adentraremos en relaciones sociales poco exploradas. Al llegar a este punto penetramos en terreno desconocido y misterioso, en el cual resulta difícil movernos con seguridad. ¿Por qué la modificación noble de lo interno a partir de los buenos, aunque escasos, paradigmas y enseñanzas externos no consigue generalizarse? ¿Por qué lo interno sigue un aparentemente indetenible curso de deterioro? ¿Por qué este profundo subdesarrollo espiritual individual?[10]

Teilhard de Chardin ya avisoró -lamentablemente en forma muy marginal- esta cuestión. "¿Qué se requiere -se preguntó- para que la humanidad crezca espiritualmente...?". "Esencialmente, hace falta que las unidades humanas implicadas en el movimiento (de socialización) se acerquen entre sí, no bajo la acción de fuerzas externas o en la mera realización de gestos materiales, sino directamente, centro a centro, por atracción interna"[11]. Se aproximó al problema, aunque muy parcialmente, como parcialmente también me aproximaré yo. Pero el problema es más profundo de lo que pensamos, y en gran medida escapa a nuestro humano entendimiento. En efecto, no se trata solo de entender que, para que la humanidad en su conjunto crezca espiritualmente es necesario esa clase de acercamiento, de "centro a centro", lo cual es verdad; se trata de entender por qué *cada una* de las "unidades humanas" no crece espiritualmente, para que luego, vía el acercamiento teilhardiano de centro a centro puedan hacer crecer espiritualmente a la humanidad en su conjunto. Lamentablemente, a esto, que reviste tanta importancia, Teilhard de Chardin le dió una atención más bien marginal, y sólo por la necesidad de explicar cómo se formaría la Noosfera.

El supuesto desarrollo espiritual espontáneo. ¿Puede la evolución desembocar final y espontáneamente en el desarrollo espiritual individual generalizado; en el mejoramiento relevante de los yo, de tal suerte que el subdesarrollo espiritual pasado y presente de la humanidad resulte ser sólo un

---

[10] El subdesarrollo espiritual (y por oposición, el desarrollo espiritual) al que me estoy refiriendo, como ya lo habrá advertido el lector, es el moral, esto es, una parcela específica de lo espiritual.

[11] Teilhard de Chardin, "El Porvenir del Hombre".

mal momento por el que ha atravesado la especie humana en su largo proceso evolutivo, pero que indefectiblemente lo ha de superar? Teilhard cree que sí.

En realidad, sorprende que Teilhard brindase tan poca atención a la confrontación entre el bien y el mal en el interior de cada "unidad humana". Parece como que diera por sentado el afincamiento espontáneo y definitivo del amor -del amor en su sentido lato- y por ende la derrota del mal, *por evolución*, como consecuencia de una circunstancia biológica: la "cerebralización", y el subsecuente ascenso del nivel de consciencia. Aquí es donde surgen las dudas, porque no hay evidencias de que ese amor sea un elemento derivado de la evolución biológica. Tal parece que el desarrollo espiritual individual es independiente de la cerebralización teilhardiana; parece, más bien, ser responsabilidad *volitiva* de las gentes de ahora, como lo fue de las gentes del pasado, y como lo será de las gentes del futuro. El amor, en su sentido lato, no nace espontáneamente de la cerebralización; no es algo que nos viene dado por evolución biológica; es algo que tenemos que construir. Y estamos en déficit en cuanto a creación del amor, pues, pese al grado de cerebralización alcanzado -si cabe tal conceptualización de la evolución biológica en el hombre- estamos igual o posiblemente peor que nuestros antepasados en cuanto a la creación de una "atmósfera de amor". La evolución cultural no registra un proceso consistente y generalizado de desarrollo espiritual individual. No hay ninguna evidencia de que el aumento del nivel de consciencia derivado de la evolución biológica implique, automáticamente, una elevación del amor, fuerza indispensable para la formación de la Noosfera teilhardiana[12]. El amor lato no se desarrolla por determinismo biológico, es nuestra responsabilidad volitiva el crearlo.

---

[12] Sería vano intento el tratar de encontrar estadísticas completas y de largo plazo acerca de cómo ha evolucionado el subdesarrollo espiritual individual. Lo que sigue corresponde a un fragmento minúsculo de tiempo, pero muy significativo y preocupante. Según una publicación de Naciones Unidas sobre la violencia a nivel mundial, de 150 asaltos por cada cien mil habitantes en 1970, se ha pasado a 400 en 1990; de 1000 robos por cada cien mil habitantes en 1970, se ha pasado a 3500 en 1990. En los países pobres hubo un aumento de 1.0 a 2.5 homicidios por cada cien mil habitantes entre 1975 y 1985, en tanto que en los países desarrollados el aumento fué de 3.0 a 3.5 en el mismo periodo. Todo esto echa por tierra el supuesto de que el incremento que se observa en las cifras estadísticas sobre delitos violentos, es solo el correlato del aumento poblacional, y que, proporcionalmente, el mundo no es más

Ahora vuelvo al comienzo de este capítulo: sólo tengo esbozos de respuestas para la pregunta de por qué lo externo no logra modificar, para el bien, lo interno, de una manera generalizada. Lo que sí puedo hacer es tratar de entender el problema desde dos perspectivas: la del proyecto divino y la de la caracterización del subdesarrollo espiritual individual. Porque, claro, debe haber alguna forma de interpretar el problema del subdesarrollo espiritual en el marco del proyecto divino, y, por otra parte, debe ser posible entenderlo mejor al hacer el esfuerzo de caracterizarlo.

El proyecto divino y el subdesarrollo espiritual. El proyecto divino, tal como lo percibimos, tiene toda la coherencia y toda la lógica que suelen tener las cosas que permean nuestra inteligencia. No se trata, pues, de un conjunto de ideas absurdas, descabelladas, de aquellas que nuestra complexión intelectual rechaza. Se trata de una secuencia de hechos y situaciones inteligibles a los que, además, nuestra fe nos induce a aceptarlos. ¿Y cómo podría resumirse el proyecto? Tal como yo lo entiendo, así:

1. El hombre fue creado (¿por evolución o por un acto ad-hoc de creación?: esto es relativamente secundario, más bien instrumental), para la perfección y la felicidad plenas. Dado que fue creado para la perfección y la felicidad plenas, era necesario que tuviera características que le permitiesen ser o llegar a ser, perfecto. Los primeros seres humanos tuvieron características que les hubieran permitido mantener su condición de perfección, pero no las supieron conservar. Por ello, el momento de perfección-felicidad fue pospuesto, debido a los primeros errores humanos, pero el objetivo siguió allí, incólume.

2. El Creador dispuso que el estado de perfección-felicidad, si bien se otorgaría por su gracia, no debía ser del todo "gratuito"; el hombre debía aportar una cuota de merecimiento. Y para que pueda haber un componente de merecimiento, el espíritu humano tendría que estar dotado de libertad y voluntad; libertad para ejercer su voluntad. Libertad y voluntad para elegir entre el bien y el mal; entre Dios y Satanás. Por eso Dios permitió la acción de

---

violento de lo que fue en el pasado. Es más violento. El mal aumenta en cifras relativas, no solamente en absolutas. Es más, si estas estadísticas las actualizáramos al año de publicación de esa tercera edición de este ensayo, nos encontraríamos con cifras de espanto, en especial en los países en los que opera el narcotráfico y otras formas de crimen organizado.

un poderoso espíritu del mal, que diariamente nos tienta y nos acosa desde nuestro propio fuero interno y desde nuestro entorno. Todo ello para que pueda haber mérito; mérito en elegir el bien pese a la seducción del mal; mérito en optar por el desarrollo espiritual a pesar de las circunstancias adversas que se tenga que enfrentar. El premio viene de gracia; el número premiado tenemos que conseguirlo nosotros mismos.

La meritoria búsqueda del desarrollo espiritual individual a pesar de las circunstancias adversas del entorno, es especialmente importante. En efecto, lo adverso del entorno social es evidentemente un obstáculo para el desarrollo espiritual individual; por eso, resulta meritoria su búsqueda cuando se la hace a pesar de esa circunstancia. Es un mérito buscar, alcanzar y mantener el desarrollo espiritual, en un contexto de subdesarrollo espiritual; el practicar el bien cuando todos practican el mal; el mantener la serenidad de espíritu en medio de la vorágine; el ser genuinamente bueno en medio de tanta maldad. Es fácil ser bueno y sereno en un ambiente de bondad y de paz, lo difícil es serlo en medio de la maldad y la conmoción. En eso consiste el merecimiento.

Cada vez que, consternados, impotentes e indignados, contemplamos el mal que nos rodea, debemos pensar que su presencia es una prueba de que existirá una sobrevida de perfección-felicidad. ¿Cómo así? Pues sencillamente, porque el mal acrecenta el mérito de ser buenos, porque ¿qué mérito podría haber si no hubiera el mal? Muy poco, pues muy poco esfuerzo se requeriría para ser bueno en un ambiente de bondad. Y si se nos abre la posibilidad de construir merecimiento enfrentando circunstancias adversas, ¿qué objeto puede tener tal posibilidad? Pues sencillamente, el de franquearnos el acceso a una vida mejor. Todo lo cual revela muy a las claras la sorprendente pero real conexión que existe entre el mal y la sobrevida de perfección-felicidad.

Por otra parte, no hay prueba científica de la existencia de Dios; pero parece que de eso mismo se trata, de que no sea posible probarla de esa manera, a fin de dejar espacio a la fe y al merecimiento previstos en el proyecto divino. ¿Qué pasaría si fuera posible probar científicamente la existencia de Dios? Toda la especie humana descendería de nivel espiritual: la maldad de los malos sería más abominable y por tanto más punible, pues ella existiría a despecho de haberse comprobado la existencia de un Ser Supremo que nos da normas de comportamiento; la bondad y el buen comportamiento de los buenos sería menos meritoria dada la evidencia científica de la existencia de Dios y su guía que nos encamina al bien y nos despeja toda duda respecto a cual es el camino a seguir. Por eso el proyecto divino requiere que no haya prueba científica concluyente acerca de la existencia de Dios, a fin de dejar espacio a esa cuota de merecimiento que he mencionado.

Para que la cuota de merecimiento pueda ser tenida en cuenta, como condición para poder acceder a una situación de felicidad plena, era necesario que de alguna manera y en alguna parte de la realidad cósmica, se registrasen méritos y deméritos. El registro se refiere a la "performance" de nuestro espíritu durante el tiempo de asociación al cuerpo, durante el tiempo en que utilizó a su asociado para hacer cosas, o para no hacerlas, es decir, durante la vida. Pero es un registro especial, pues lo que se registra es la conducta *actual* de los seres humanos, como tendremos ocasión de ver posteriormente. En todo caso, el registro es una noción indispensable dada la exigencia divina de que haya una cuota de merecimiento. Si no se registra el mérito o el demérito, ¿cómo juzgarnos entonces?

Repárese bien cuán lógica es la idea del merecimiento y cuán importante el papel del mal. Así como hay Alguien que ordenó al hombre no tomar conocimiento del mal, para no practicarlo, hubo y hay otro alguien, otro ser espiritual, maligno, que azuzó y azuza al hombre a que sí lo haga. Es evidente que al tener el hombre ante sí estas dos alternativas, obedecer a Dios o ceder a la seducción del Maligno, habría un componente de merecimiento si el hombre optaba por lo primero. Y por ahí asoma la voluntad como la esencia misma del *ser* (verbo) humano. En otras palabras, no habría merecimiento en el hombre si lo único "audible" por él hubiese sido la voz de Dios; tenía que oír una segunda voz, dándole sugerencias opuestas, para que el hombre tuviera que escoger, y al hacerlo bien, aportar el componente de merecimiento que Dios exige.

3. Y el hombre eligió el mal[13]. Ello pospuso el momento de perfección-felicidad, pero no lo eliminó, porque Dios, en sus inescrutables designios, no lo quiso. Al aparecer el error culposo se frustró nuestro desarrollo espiritual y el colectivo humano se sumió en el sufrimiento. En consecuencia, nuestro actual estado de subdesarrollo espiritual tiene su origen en el mal uso de nuestra libertad para ejercer nuestra voluntad.

---

[13] Si lo hizo una primera pareja o un primer grupo, de seres humanos, eso también es relativamente secundario. Cuando en este libro me refiero al primer hombre o a la primera pareja, lo hago con esa amplitud de criterio.

4. Entonces Dios envió a un ser espiritual, que es parte de sí mismo, a compartir nuestro sufrimiento. Para compartirlo hubo de materializarse, tuvo que hacerse hombre. Y compartió nuestro sufrimiento pese a su origen y vida terrenal impolutos.

¿Y por qué el compartimiento de nuestro sufrimiento? Hay un inmenso sentido de solidaridad en este gesto. Solidaridad con el hombre, pese a su error. Solidaridad ante el sufrimiento. Solidaridad consoladora e infundidora de valor para resistir el sufrimiento. (Reflexionamos: si el propio Hijo de Dios se sometió al sufrimiento, síquico y corporal, ¿qué derecho tenemos para considerar que debiéramos estar exentos de él?). Sobre todo, solidaridad que contribuye poderosamente a aumentar nuestra fe, pues, otra vez, razonamos: si Dios envió a su Hijo en tal misión de solidaridad es porque, efectivamente, tenía un propósito, el cual bien pudo haber sido el de alentarnos y darnos ánimo para resistir y para que podamos optar por algo que debe haber más adelante. En suma, una solidaridad que nos ayuda a luchar por aquella vida prometida de perfección y felicidad. No en vano Pablo llamó a Jesús el "Agente Principal y Perfeccionador de nuestra fe".

¿Qué habría pasado si el Hijo de Dios no hubiese venido a sufrir, a compartir nuestro sufrimiento, y si Dios, en consecuencia, no se hubiese molestado en anunciar la segunda venida de su enviado? Desesperanza absoluta. Y, ante la proliferación del mal, completo descreimiento en la existencia de una futura vida de perfección y felicidad. Quiebra de los valores morales, peor que la que actualmente existe. Cada uno con su propio código de comportamiento, más allá de que la organización social tratase de aplicar el suyo. Aplastante y generalizado triunfo del mal, y, consecuentemente, imposibilidad, ahí sí imposibilidad, de acceder a la posterior vida de felicidad y perfección.

Pero el Hijo de Dios vino a compartir nuestro sufrimiento, y pasó lo que pasó, y se produjeron los efectos síquicos y sociológicos que conocemos. Y mejoraron enormemente nuestras posibilidades de acceder a la vida de perfección y felicidad, debido a que también mejoró nuestro potencial de resistencia al mal. Pero además, este gran gesto de solidaridad conllevó una acción de justicia evidente, en el sentido de que, como lo señala la Biblia, si por el error en solitario del primer hombre (o pareja, o grupo) se pospuso el momento de perfección-felicidad, era justo que también por la acción de un solo ser, también en solitario, Jesús, mejorasen nuestras posibilidades de acceder a la vida de perfección y felicidad.

Por todo ello, es en el sentido de solidaridad del Creador hacia su creatura cómo se me hace entendible la doctrina del rescate. Es que, como dice Francesca Brezzi, "...del pecado original nace la necesidad de una acción salvadora, de una redención"[14]. Es decir, la necesidad de un rescate en el sentido de salvar. Solo en este sentido puedo entender la doctrina del rescate, no en el de las otras acepciones que suele darse a esta palabra.

5. Por último, una selección de quienes gozarán de aquella existencia de perfección y felicidad. ¿Quiénes? Pocos. ("pocos serán los escogidos"). Pero pocos es una noción cuantitativa, y por lo tanto es válido que nos preguntemos: pocos, ¿en referencia a qué? Puedo suponer que a la población humana del planeta Tierra. En este punto resulta sugerente considerar el actual rápido crecimiento poblacional. Este quizás esté sirviendo para aumentar significativamente el número de los escogidos, que porcentualmente seguirán siendo pocos, poniendo en evidencia la cortedad del número de elegidos, y para que, gracias a tal rápido crecimiento demográfico, pueda, más pronto que tarde, completarse un número eventualmente preestablecido.

Así pues, el subdesarrollo espiritual individual, visto en el marco del proyecto que Dios tiene para con el hombre, no constituye una circunstancia irrelevante, sino una situación que tiene un papel importante en el proyecto. Lo tiene porque es a través de su contrario, el desarrollo espiritual individual, como podremos completar nuestra cuota de merecimiento para la sobrevida de felicidad y perfección. El subdesarrollo espiritual, y su opuesto, el desarrollo espiritual individual, son nociones coherentes con el proyecto divino. Son fichas que encajan perfectamente en el puzzle. El desarrollo espiritual nos encamina a la sobrevida, el subdesarrollo no. Emergieron porque ocurrió algo que habría de ocupar un espacio crucial en el proyecto: el hombre no hizo buen uso de la libertad de que fue dotado y se sumió en el subdesarrollo espiritual, lo cual, sin embargo, no invalidó el proyecto, sólo lo retrasó. Hay que superar ese subdesarrollo para poder optar a la sobrevida ofrecida en el proyecto.

---

[14] Francesca Brezzi, "Las Grandes Religiones".

Caracterización del subdesarrollo espiritual individual. El segundo aspecto a la luz del cual podemos plantearnos la pregunta de por qué lo externo no logra modificar generalizadamente, y hacia el bien, lo interno, tiene que ver con la caracterización del desarrollo espiritual.

La pregunta respecto a qué debemos entender por desarrollo y subdesarrollo del espíritu, nos conduce inexorablemente a considerar criterios sobre el bien y el mal. Pero considerar el bien y el mal sobre la base de parámetros humanos nos sumirá en la más completa relativización de conceptos, según personas, épocas y lugares, y nos reintroducirá en un debate sin fin. Pero, ¿es lógico creer que el ser humano puede tener todas las respuestas, incluidas aquellas relativas a lo que es el bien y el mal? Es cierto que tenemos una sed insaciable por investigar y conocer, pero ¿debe eso conducirnos a creer que somos totalmente autosuficientes en cuanto a poder acceder al conocimiento, a todo tipo de conocimiento, sin la ayuda de Dios? Si creyésemos que somos totalmente autosuficientes, significaría que le negamos a Dios todo papel de guía, y eso sencillamente no es lógico ni coherente frente a la omnisciencia que reconocemos en el Creador.

En mi opinión, el desarrollo espiritual está dado por la profundidad y extensividad con que seamos capaces de cumplir los dos grandes mandatos divinos: el del amor a Dios y el del amor al hombre; y, consecuentemente, el subdesarrollo espiritual no es otra cosa que el insuficiente cumplimiento de los mismos. Tal opinión no constituye un ex-abrupto, sino una consecuencia lógica del análisis precedente. Si he aceptado la existencia de Dios, debo entonces aceptar su orientación respecto a algo tan fundamental como es el conocimiento sobre el bien y al mal, y su orientación en este aspecto es clarísima, es la de decirnos que el amor es la clave de todo; que el bien es acercarnos al amor, y que el mal es alejarnos de él.

El mandamiento de amor a Dios conduce necesariamente al del amor al hombre, pues amar a Dios sobre todas las cosas conlleva aceptar su guía, y su concepto-guía principal en materia social es este último precisamente, el de amar al prójimo. En este sentido, el mandato de amor al hombre no es más que un reflejo del de amar a Dios sobre todas las cosas. Este segundo mandamiento, el de amar al prójimo como a uno mismo, es de índole personal, y resulta sorprendente, pues no se apoya en consideraciones de carácter organizacional, como casi siempre lo hacen los conductores y orientadores de los asuntos sociales, y a las que estamos tan acostumbrados.

Por el contrario, se nos presenta como un mandamiento intrínsecamente válido, es decir, válido por sí mismo, independientemente del contexto organizacional en el que se desenvuelva el individuo que lo aplique; que apunta exclusivamente al yo profundo del individuo, a sus patrones de pensamiento.

Ahora bien, ¿por qué el segundo mandamiento es válido para definir lo que es el desarrollo espiritual y para distinguir clara e inequívocamente entre el bien y el mal? Muchos son los motivos, pero el primero y más importante es: porque nos lo fue dado por Dios mismo. Fue transmitido primero a través de Moisés, unos 1500 años antes de Cristo, y luego ratificado por el propio Jesús.

El mandamiento introduce armonía y equilibrio entre lo interno y lo externo. La actitud del individuo que lo aplica pierde su sesgo excesivamente egocéntrico, pero no pasa al otro extremo, el del sesgo excesivamente exocéntrico. Quizás en algunos casos así ocurra, pero no es la regla. Sigo queriendo cosas buenas para mí, y esas mismas cosas buenas las quiero para los demás. No quiero cosas malas para mí, y esas mismas cosas malas tampoco las quiero para los demás. Consecuentemente, el cumplimiento generalizado del segundo mandamiento conduce a una socialización de inspiración divina, muy superior a la de inspiración humana; constituye el más completo y genuino estado de socialización, el verdadero estado de socialización. Y claro, una socialización así crea una insuperable noción de unidad social en todos y cada uno de los seres humanos.

Si es verdad que habrá de formarse una consciencia planetaria -la Noosfera de Teilhard de Chardin- entonces el cumplimiento del segundo mandamiento es requisito indispensable para que ello ocurra, pues sólo tal cumplimiento puede conducir al tipo de socialización que una consciencia planetaria requiere. El propio Teilhard reconoce, aunque marginalmente, que la ascensión del amor es condición indispensable para la planetización de la consciencia.

Debo suponer que el mandato de amar al prójimo como a uno mismo, por provenir de Dios, necesariamente debe estar asociado al bien, y debe ser la guía que, por contraposición, nos ayude a distinguir el mal, y por lo tanto a evitarlo.

En términos "operativos", el mandato de amar al prójimo como a uno mismo tiene una consecuencia lógica: significa que hay que hacer o no hacer a otros, lo que se quisiera que otros le hagan, o no le hagan, a uno mismo. En un primer análisis, podría considerar que cuando hago o no hago a otros lo que quiero o no quiero para mí mismo, respectivamente, eso sería el bien; y que cuando hago o no hago a ótros lo que no quiero o quiero para mí mismo, respectivamente, eso sería el mal. Puede que lo que el hombre normal quiere o no quiere para sí mismo varíe en el tiempo, de acuerdo a la mudanza de las costumbres o de las necesidades, pero si lo que el hombre normal quiere o no quiere para sí mismo es tomado como punto de referencia para la acción frente al prójimo, entonces la guía para tal acción tendrá siempre un referente fijo.

Pero el asunto se complica si profundizamos un poco más en el análisis "operativo". Y es que todo lo que uno hace para sí mismo no siempre es lo mejor para el prójimo. Lo que una persona anormal quiera para sí misma, puede ser francamente nocivo para ella y, por lo tanto, si eso mismo es lo que quiere para el prójimo, también será nocivo para éste. Si un individuo quiere sumirse en el mundo de la droga, y eso mismo quiere que hagan sus amigos, ello será realmente nocivo para todos. Y para complicar aún más el asunto, podemos incluso suponer que lo que la persona individual desee para sí misma, basada en una exagerada autoestima, puede ser francamente inconveniente y hasta nocivo para el colectivo humano. Basado en tal autoestima alguien quiere practicar, por ejemplo, la caza por placer, con lo cual agrede a la naturaleza sin una razón válida, y más malo aún, si muchos quisieran hacer lo mismo.

En consecuencia, el quid del asunto, siempre en el plano operativo, está en que: a) Lo que se desee para uno mismo sea bajo condiciones de normalidad del sujeto deseante; y, b) Que el objeto amado sea no solo el hombre individualmente considerado, sino también y principalmente el colectivo humano. Sólo así, bajo estas condiciones, se hace entendible que amar al prójimo como a uno mismo sea lo correcto, lo moralmente aceptable, es decir, el bien, y el que alejarse de ello sea el mal. Pero obsérvese que estos conceptos simplemente aclaran el aspecto operativo del principio de amor al prójimo, de ninguna manera lo contradicen.

Así pues, nuestro nivel de consciencia nos ha planteado la necesidad de aceptar la existencia de Dios. Tal aceptación nos ha conducido a aceptar su guía; una guía que apunta al ego de cada ser humano, a sus personales patrones de pensamiento. Frente a la evidencia de que el mensaje de Dios apunta a nuestro yo profundo, nos ha parecido banal que la sociedad, en cambio, trate de mejorar las cosas poniendo el énfasis en "lo de afuera".

En resumen, el subdesarrollo espiritual, visto en el marco del proyecto que Dios tiene para el hombre, no constituye una circunstancia irrelevante y aislada, sino importante y relacionada con el proyecto. Ello es así porque ocurrió algo que habría de ocupar un espacio en el mismo: el hombre no hizo buen uso de la libertad de la que fue dotado, se sumió en el subdesarrollo espiritual, lo cual, sin embargo, no invalidó el proyecto; solo lo retrasó.

Los mandamientos divinos constituyen guías inequívocas para definir en qué consiste el desarrollo espiritual; y, para establecer claramente la diferencia entre el bien y el mal.

No obstante el espacio lógico que tiene lo espiritual-individual en el proyecto del Creador; no obstante la guía divina que nos ayuda a entender qué es el desarrollo espiritual individual, no hemos sido capaces de mejorar el yo en forma generalizada, lo cual pone en evidencia el fracaso de la estrategia externa. ¿Y esto por qué? Porque el yo ha desarrollado una actitud refractaria a las buenas, aunque escasas, enseñanzas provenientes del entorno. ¿Y esto por qué? Por el mal uso de nuestra voluntad-libertad. ¿Y esto por qué? Misterio de los misterios. No tengo una respuesta clara a la vista.

CAPITULO V. INTERACCIÓN ENTRE LO INTERNO Y LO EXTERNO.

La incapacidad de lo externo para modificar generalizadamente y para el bien lo interno, es apenas una de las manifestaciones de una abigarrada interacción que hay entre esos dos mundos.

Por ello, no debemos quedarnos satisfechos con simplemente constatar que lo externo no puede mejorar generalizadamente lo interno. Debemos explorar y entender las demás interacciones que se producen entre lo interno y lo externo. Debemos tratar de responder preguntas tales como: ¿de qué manera influye el grado de desarrollo espiritual individual en el contexto social?; ¿hasta qué punto es factible el desarrollo de la sociedad en base, exclusivamente, al perfeccionamiento de lo externo?; ¿se puede aspirar a tener una sociedad satisfactoria aunque no se desarrolle lo interno del individuo?

Frente a estrategias tan diferentes, la divina, que apunta a nuestro espíritu individual, y la humana, que pone el acento en lo externo, nos planteamos la pregunta que a estas alturas comienza a martillar nuestra consciencia: ¿qué relaciones hay realmente entre lo interno y lo externo? Esto es lo que me propongo explorar ahora, basado en la intuición de que alguna interacción debe haber entre lo individual y lo colectivo.

Las inducciones espirituales. Por algún recóndito motivo somos natural y generalmente influenciables por los ejemplos, buenos o malos, de nuestros semejantes, es decir, por la conducta de otros seres humanos. Lo natural y generalizado de esta influencia se refleja en la inmensa gama de asuntos respecto a los cuales pueden establecerse líneas de influencia o inducción espiritual: desde los de banalidad absoluta hasta aquellos otros de gran importancia. Hay influencia de una moda en el vestir, superficial y ridícula, pero también la hay de un acto heroico y trascendente. Así, la inducción espiritual está íntimamente relacionada con el grado de desarrollo espiritual del individuo que la origina. Inducciones banales o relevantes, inducciones buenas o malas, provendrán de individuos de diferente grado de desarrollo espiritual. Las inducciones operan en forma directa, de sique a sique, de yo a yo, de ego a ego, a través de la conducta, pero, a su vez, un conjunto de inducciones, trabajando todas en un mismo sentido, pueden generar efectos secundarios de ese mismo sentido en la sociedad en su conjunto.

La inducción espiritual puede generar efectos de aceptación o de rechazo. Los de aceptación pueden suscitar admiración y respeto; pueden conducir a la fijación de metas y objetivos personales similares a los del individuo admirado; pueden convertir en paradigma a este último, como lo son, por ejemplo, ciertos personajes de la Historia. Sin embargo, la aceptación podría distorsionarse, generando, más bien, reacciones de envidia, frustración o resentimiento, como cuando un fracasado envidia la "suerte" que ha tenido un millonario al convertirse en tal.

El rechazo, en cambio, se puede producir ante una conducta individual incompatible con los valores del individuo rechazante, que lleva a éste último a considerar esa conducta como algo no deseable, como un anti-paradigma aborrecible, como cuando se rechaza la conducta genocida de un sanguinario dictador.

La influenciabilidad por la vía de la inducción es una característica del ser humano, que en gran medida explica las interacciones entre el espíritu individual y la sociedad.

Las interacciones básicas entre espíritu y sociedad. Podemos dar por cierto, sin necesidad de mayor demostración, que las inducciones se producen en doble vía: de lo externo hacia lo interno y viceversa. Surge entonces una interrogante de gran importancia: ¿qué es más importante, la inducción que va de afuera hacia adentro o la inversa?

La pregunta podría parecer banal, pues las dos direcciones se entrecruzan; lo interno influye sobre lo externo, pero también lo externo influye sobre lo interno, de modo que lo que hay es una interacción. Pero la pregunta no es banal; aunque existan dos focos interactuantes, lo interno y lo externo, es perfectamente válido preguntarse qué tan importante es cada uno de ellos. La existencia de dos focos no implica necesariamente que ambos sean de la misma importancia. Por ejemplo, si la estrategia externa fuera más importante que la estrategia "interna", esto es, que aquella que procura el desarrollo espiritual individual, significaría que la primera es la apropiada; que la sociedad actual está en el buen camino y que lo que hay que hacer es continuar en él, sin preocuparnos mucho por desarrollar nuestro yo interno;

significaría que las enseñanzas de Cristo, que se basan en el desarrollo de lo interno, no tendrían el valor que hemos supuesto que tienen. De modo que ¿cuál de las dos estrategias es más relevante?

Para una respuesta a esta pregunta hay que considerar qué tan prescindibles son cada una de las dos estrategias, desde la perspectiva del ascenso integral del hombre, es decir, desde el ángulo de un desarrollo social integral y sostenido. El caso es que, desde un punto de vista ideal y lógico, el desarrollo social puede prescindir de la estrategia externa, no así de la interna. Veamos.

Es perfectamente válido imaginarse una sociedad desarrollada en el más amplio sentido de la palabra, en la que sus miembros hubiesen desarrollado lo interno, aunque tal sociedad no hubiese desarrollado una estrategia externa deliberada. En una sociedad así el desarrollo externo se produciría como consecuencia del desarrollo interno, aunque la sociedad no hubiese realizado un esfuerzo deliberado en dirección a lo externo. El desarrollo externo vendría por añadidura. Una sociedad así sería una sociedad basada en cimientos sólidos, aunque su esquema organizacional externo probablemente sería poco complejo, quizás elemental o escaso.

En cambio, no es lógico imaginarse que pueda existir una sociedad desarrollada en el más amplio sentido de la palabra, y siempre en ascenso, basada exclusivamente en una estrategia externa, con espíritus individuales subdesarrollados y con prescindencia absoluta de todo esfuerzo individual y directo por mejorar lo interno. El desarrollo externo sería espurio, esencialmente material, artificial, superpuesto, no enraizado, y la sociedad sería inestable, precaria e hipócrita. Y esta es, precisamente, la realidad social actual: basta ver las sociedades modernas, sesgadas hacia lo externo, para comprobarlo. Ninguna de ellas es integralmente desarrollada ni en ascenso; todas muestran grandes falencias y un indetenible curso de deterioro moral. De suerte que la respuesta a la pregunta planteada no puede ser otra que ésta: la estrategia interna es mucho más importante que la externa.

De lo externo hacia lo interno. Pero volvamos a considerar las inducciones que van de lo externo hacia lo interno. Volvamos por un momento a las preguntas previas del capítulo anterior: ¿por qué lo externo no logra modificar, para el bien y en forma generalizada, lo interno?; ¿por qué este profundo subdesarrollo espiritual actual?

El origen de todo este problema está en el mal uso de nuestra libertad para el ejercicio de nuestra voluntad. Libremente hemos decidido prescindir de Dios en nuestros diarios procesos mentales. Todo ello hace que nuestro yo interno sea refractario a las buenas, aunque escasas, inducciones provenientes del exterior, y a realizar un esfuerzo consciente por desarrollarse espiritualmente. En contrapartida, hace que seamos receptivos a las otras inducciones, a las malas, a las que no solo que no contribuyen al desarrollo espiritual, sino que alientan su degradación.

Insistencia permanente de Jesús fue la del amor al hombre, es decir, al cumplimiento del segundo mandamiento. No nos impuso esta guía, pues somos espíritus libres y voluntarios, sino que nos la sugirió una y otra vez. Pero nosotros, en nuestros procesos mentales diarios, hemos puesto en un segundo plano a Dios; hemos priorizado nuestras propias guías y soluciones humanas, mediatizando las divinas. Todo esto, como es lógico, nos ha apartado de los patrones de pensamiento que nos dio Jesús.

Las inducciones espirituales tienen un gran potencial de diseminación debido al tremendo desarrollo de los medios de comunicación. Ahora bien, debido al mal uso de nuestra libertad y a la prescindencia de Dios en nuestros procesos mentales, son los ejemplos para el mal los que han proliferado, al impulso de los avances tecnológicos de los medios de comunicación, y son a estos ejemplos a los que somos más receptivos. Los ejemplos para el bien, en cambio, son escasos, porque escasos son los que hacen buen uso de su libertad espiritual; y no sólo eso, sino que además de escasos, tales ejemplos chocan con nuestra renuencia a seguirlos.

En suma, la incapacidad de la estrategia externa para modificar el yo, de la que hablábamos anteriormente, es una incapacidad para modificarlo positivamente, para el bien, y en forma generalizada. Pero la estrategia externa sí tiene capacidad para modificar negativamente el yo; y la tiene porque el yo no solo que no se ha hecho refractario al mal, como sí se hizo al bien, sino que más bien lo acoge. Entonces, lo externo sí está modificando lo interno, pero mayormente para el mal, no para el bien, no para el desarrollo espiritual individual.

De lo interno hacia lo externo. ¿Pero es realmente importante el desarrollo espiritual individual o es solo una fijación mental de quien esto escribe? Como dije, las relaciones entre el espíritu y la sociedad se dan en forma de inducciones espirituales, no solo de afuera hacia adentro, sino también de adentro hacia afuera. Por lo tanto, demos vuelta a la moneda y veamos que, así como lo externo influye sobre lo interno, lo interno también tiene implicaciones sobre lo externo. Por todo lo que hemos dicho anteriormente, no cabe dudar de esta realidad. En todo caso, parto de esta sencilla hipótesis, si puedo llamarla así, la de que lo interno sí tiene implicaciones sobre lo externo.

Los efectos del desarrollo espiritual individual sobre lo externo se manifiestan no sólo a través de las inducciones espirituales, de sique a sique, sino también a través de ciertos efectos secundarios. Una pluralidad de líneas de inducción espiritual, de adentro hacia afuera, actuando en un mismo sentido, crea un ambiente social que tiene ese mismo sentido; es decir, se producen efectos secundarios a partir de las inducciones espirituales individuales. En todo caso, los efectos secundarios requieren que primero ocurran inducciones espirituales individuales de la misma índole. Una conducta individual corrupta puede inducir una conducta similar en otro individuo (inducción espiritual individual), pero si hay una gran pluralidad de inducciones iguales a ésta, de seguro se llegará a formar una atmósfera social corrupta, un caldo de cultivo corrupto (efecto secundario), en el que fácilmente prosperará este tipo de conducta individual, produciéndose así una suerte de feed-back social corrupto.

Los efectos secundarios, como fácilmente puede colegirse, pasan necesariamente por las inducciones espirituales individuales, de tal suerte que los efectos y las inducciones están íntimamente relacionados. Esta sencilla verdad explica por qué el mensaje divino apunta a la consciencia de cada uno; por qué los mandatos divinos básicos constituyen patrones de pensamiento: porque quien los estableció sabía de los efectos secundarios; porque sabía que lo fundamental es la consciencia de cada uno y que lo demás vendría por añadidura; porque es a partir de lo interno, a través de convergencias de conductas individuales apropiadas, como puede construirse una sociedad verdaderamente mejor.

En último término, los efectos secundarios constituyen reflejos de los egos y de las conductas individuales. Por ello, cada ser humano tiene una cuota de responsabilidad respecto a la calidad del contexto social. Obviamente, el grado de incidencia individual en el contexto social depende de la importancia que el individuo tenga dentro del mismo.

Podemos hablar de efectos secundarios específicos, es decir, sobre determinado asunto, en cuyo caso las conductas individuales son las que determinan la situación de ese asunto. Las conductas individuales corruptas, que determinan un entorno social también corrupto, constituyen un ejemplo sobre el caso específico de la corrupción. Pero también podemos hablar de un efecto secundario total, que involucre todos los asuntos que determinan la condición general social, la "calidad" general del contexto social. En ambos casos, empero, el efecto secundario es un proceso de acumulación de aportes individuales, hacia el bien unos, hacia el mal otros, en una suerte de adicionalidad algebraica, en el sentido de que unos contribuyen a elevar la calidad del contexto social, en tanto que otros lo degradan. No hace falta decir que la naturaleza de los efectos secundarios depende de qué tipo de aportes individuales son los que prevalecen.

Tampoco hace falta decir que el formidable desarrollo de los medios de comunicación contribuye poderosamente a que se produzcan las inducciones espirituales y los efectos secundarios, a partir de las conductas individuales, y, también, a que opere el feed-back social.

En resumen, los seres humanos somos natural y generalmente influenciables por los ejemplos y acciones de nuestros semejantes. Debido a ello, las relaciones entre el espíritu individual y la sociedad se producen a través de las inducciones espirituales, las cuales operan en doble vía: del espíritu individual hacia la sociedad, y viceversa.

Las inducciones espirituales pueden servir al bien o al mal, y operan en forma directa, de sique a sique. A su vez, una pluralidad de inducciones individuales, actuando en un mismo sentido, crean ambientes sociales que tienen ese mismo sentido, bueno o malo. Son los efectos secundarios derivados de las inducciones espirituales.

La estrategia externa no logra mejorar, en forma generalizada y para el bien, lo interno, y la explicación radica en el mal uso de nuestra libertad, lo cual nos lleva a no esforzarnos por lograr nuestro desarrollo espiritual interno y, en ese marco, a no asimilar las inducciones buenas, aunque escasas, provenientes de lo externo. El resultado es que lo externo sí está modificando lo interno, pero mayormente para el mal, no para el bien.

CAPITULO VI. EL DESARROLLO SOCIAL INTEGRAL.

Si la estrategia externa lograra modificar lo interno para el bien y en forma generalizada, ¿qué nuevo contexto social tendríamos? Sencillamente, una nueva sociedad, enteramente distinta a la que conocemos. Tendríamos un desarrollo social integral, que voy a tratar de caracterizar.

El desarrollo social integral. El desarrollo integral de la sociedad es algo deseado, pero no alcanzado. Si una sociedad lo alcanzase sería una sociedad desarrollada en el más amplio sentido de la palabra. Más aún, como ya lo habrá advertido el lector, esta parte del ensayo descansa en el supuesto de que tal desarrollo no se ha alcanzado, y centra su análisis en las circunstancias que con él se relacionan. ¿Qué debemos entender, entonces, por *desarrollo integral* de la sociedad? ¿Y por qué el desarrollo integral es más importante que un desarrollo como el actual, preponderantemente material?

Estas preguntas son relevantes, dada la variedad de aspectos que tienen que ver con el concepto de desarrollo social integral. Si identificásemos a éste con el progreso material exclusivamente, podríamos pensar que mi preocupación por el desarrollo social integral es injustificada y excesiva, pues, en efecto, hay muchas evidencias de un gran desarrollo material de la sociedad humana considerada en su conjunto. Empero, lo que la sociedad humana necesita es un desarrollo integral, esto es, espiritual y material. El hombre es una mezcla de materialismo y espiritualidad; por lo tanto, requiere desarrollarse en ambos campos, pero más en el espiritual que en el material. Un desarrollo exclusivamente material conduce, paradójicamente, a la insatisfacción, a la dependencia y al sufrimiento; por lo tanto, tal desarrollo no puede considerarse como un ascenso integral y satisfactorio de la sociedad; el desarrollo exclusivamente material no es la condición ideal del hombre.

Algunos parecen creer que porque ahora disponemos de bienes y servicios al alcance de muchos, se está produciendo el ascenso integral del hombre; o que porque el promedio de la esperanza estadística de vida es ahora mayor que en el pasado, estamos, igualmente, ascendiendo. Esta es una visión sesgada hacia el materialismo y, por ello, insuficiente.

Lo meramente material es insuficiente para caracterizar lo que debe entenderse por ascenso integral del hombre, pues implica juzgar la vida con parámetros estrechos. La sociedad actual, mucho más desarrollada en lo material que en lo espiritual, es, desde el punto de vista del ascenso integral, menos avanzada que otra en la que hubiese un gran desarrollo espiritual, aunque con un menor desarrollo material que el actual. ¡Cuánto más agradable y satisfactoria sería la vida en una sociedad materialmente menos rica y adelantada, pero pletórica de tesoros espirituales! Y es que lo material no garantiza un estado genuino de satisfacción, en tanto que lo espiritual sí.

Por otra parte, el progreso material colectivo, que suele expresarse en índices estadísticos globales, tiende a encubrir las grandes desigualdades e inequidades de la sociedad. Y considerar la cuestión de la inequidad es reconocer la necesidad de tener en cuenta un aspecto espiritual de la más grande importancia: el aspecto moral.

Hay, pues, que distinguir entre desarrollo material y espiritual, en el entendido de que el desarrollo integral incluye a ambos, pero con preeminencia de lo espiritual. El ascenso integral del hombre está dado, esencialmente, por su desarrollo espiritual, acompañado por -nunca subordinado a- un desarrollo material razonable. En la medida que la sociedad pueda desarrollar un genuino y generalizado ambiente de amor, acompañado de un desarrollo de su potencial material, podremos decir que se está produciendo el "otro desarrollo", el ascenso integral del hombre. El desarrollo social integral -o ascenso integral del hombre- al que me refiero en este ensayo, es uno en el cual el desarrollo espiritual desempeña el papel protagónico, y el material lo complementa, subordinándose a aquel.

Evidentemente, lo espiritual es lo decisivo debido a la pervivencia (o "sobrevida" como la denomina Chardin) que nos promete el proyecto divino. Y esto en cualquiera de las formas que ella pudiera tener: pervivencia material o espiritual. Es que no es lógico pensar que una pervivencia de perfección-felicidad pueda ser posible sin una alta dosis de desarrollo espiritual. Aquí nuevamente echo mano de la fe para tratar de entender la importancia del desarrollo espiritual; y, nuevamente, al hacerlo, trato de ser coherente con el hecho de haber aceptado la existencia de Dios.

Podríamos plantearnos la pregunta: ¿por qué lo espiritual debe ser el "director de orquesta" del desarrollo social integral?

El desarrollo exclusivamente material es menos funcional a la vocación de libertad del ser humano, que el desarrollo integral. Desde luego, nadie puede negar que el desarrollo material ahorra esfuerzos al hombre, pero tampoco se puede negar que el desarrollo material genera dependencia. Por cierto, si mantenemos el progreso material dentro de parámetros razonables, el ahorro de esfuerzos paga con creces la dependencia, es decir, el efecto neto es beneficioso al hombre; pero si incurrimos en excesos materialistas, éstos no harán más que acentuar la dependencia. Consecuentemente, es evidente que un progreso exclusivamente material no es lo más conveniente al hombre, pues lo hace esclavo de sus propios logros culturales. Pero, se dirá, aunque nuestro desarrollo espiritual sea de bajo perfil, no existe tal desarrollo exclusivamente material; algún componente de espiritualidad existe. Cierto, pero lo que quiero destacar no son situaciones absolutas, maniqueas, sino tendencias. El desarrollo de la sociedad contemporánea se caracteriza por dar cada vez más importancia a lo material que a lo espiritual, de modo que las flechas están apuntando hacia una situación nada deseable para la sociedad, una situación en que la sociedad, y con ella el ser humano individual, se van volviendo cada vez más esclavos de su propia producción cultural. Por todo lo dicho, me parece lógico pensar que un desarrollo sesgado hacia lo material, es menos funcional a la libertad del espíritu, que un desarrollo integral.

El desarrollo espiritual deviene en una elevación de la consciencia, mayor que la que resulta de un desarrollo meramente material. En ambos casos, lo admito, hay un desarrollo de la consciencia, puesto que en ambos la función pensar progresa. Empero, el progreso del pensar en el desarrollo espiritual es mucho más abarcante que en el otro caso, puesto que desarrolla un entendimiento mucho más completo del intrincado mundo de los valores. En el desarrollo meramente material, en cambio, lo que progresa es lo sensorial, lo cual es insuficiente, pero, sin embargo, necesario para complementar el desarrollo espiritual. Aquí tampoco estoy defendiendo posiciones maniqueas; lo que estoy destacando es que la incidencia del desarrollo espiritual en el ascenso de la consciencia es mayor que la del meramente material, y como el mundo contemporáneo se sesga cada vez más hacia lo material, me resulta evidente que el desarrollo de la consciencia está siendo perjudicado, lo cual no ocurriría con un desarrollo social integral.

El desarrollo integral tiene mucho que ver con la libertad. Si la libertad absoluta -el libertinaje- no es lo más conveniente para la sociedad, y por ende tampoco para el hombre individualmente considerado, necesariamente debe haber otra forma de libertad, pues si no la hubiera entraríamos en contradicción con la naturaleza racionalista del hombre. Esa otra forma no es otra que la libertad relativa, esto es, una libertad que reconoce como límites los referentes que nos da Quien nos creó. Ahora bien, a esta otra forma de libertad, la libertad relativa, accedemos por la vía del desarrollo espiritual, no del desarrollo exclusivamente material.

El desarrollo espiritual individual, y con él el desarrollo integral, hace posible una "performance" de la sociedad, que la sola estrategia externa o el solo materialismo no lo han logrado ni lo lograrán jamás. En realidad, el desarrollo espiritual individual tornaría viables aquellos paradigmas "buenos" que nos promete la parte sincera de las ideologías y que, mediante la sola estrategia externa, son incapaces de llevar a la práctica.

En una sociedad basada en el desarrollo espiritual individual, se produce una suerte de "círculo virtuoso" -permítaseme tomar prestada esta expresión- en razón de que, en la medida en que se generaliza ese desarrollo individual, también se genera un desarrollo espiritual de todo el cuerpo social, el cual, a su vez, estimula y facilita el desarrollo espiritual individual.

En una sociedad basada en el desarrollo espiritual individual, el progreso tecnológico -parte destacada del progreso material- se supeditaría a lo espiritual. Sería una sociedad probablemente más sencilla que la actual, o mejor dicho, de menor complejidad relativa. Sería una sociedad cuya tecnología tendría otra orientación.

El hombre superior. ¿Cómo debería ser el desarrollo espiritual individual que haga posible el desarrollo social integral, vía inducciones de adentro hacia afuera, esto es, que sea funcional a ese desarrollo? Tiene sentido que nos esforcemos por comprender cómo sería ese desarrollo espiritual individual que haga posible el ascenso integral del hombre, que sea funcional al desarrollo social integral. Tiene sentido que intentemos imaginarnos cómo sería el individuo que llegare a alcanzar tal grado de desarrollo espiritual individual.

Un individuo así sería un ser espiritualmente desarrollado. ¿Y qué es el desarrollo espiritual? En un capítulo anterior dijimos que sería vano intento el tratar de definir el desarrollo espiritual con parámetros humanos, y que, de acuerdo a la guía divina, el desarrollo espiritual está dado por la profundidad y la extensividad con la que seamos capaces de cumplir con los mandatos de amor.

Pero decir que el individuo espiritualmente desarrollado es aquel que ha hecho de los mandatos de amor los ejes de su vida, no es suficiente. Nuestras ansias de saber nos inducen a tratar de conocer con más detalle cómo sería ese hombre espiritualmente desarrollado. Por eso ahora vamos a tratar de profundizar un poco más respecto a cómo sería ese hombre, el hombre superior.

En este punto, a algún lector le estará pasando por la mente la idea del superhombre de Nietzsche. Pero las ideas nietzscheanas sobre el superhombre son insuficientes y torcidas: en Nietzsche, todas aquellas virtudes que son propias de espíritus elevados, son satanizadas; son consideradas, más bien, como rémoras que dificultan el surgimiento del superhombre; son consideradas como características de gentes pequeñas. Es que el superhombre de Nietzsche es sólo voluntad de poder, pura voluntad de poder. Con su superhombre, lo que hace Nietzsche es rendir superlativo homenaje a la voluntad de poder per-se (y a veces no sólo a una voluntad per-se, sino también a una voluntad orientada hacia el mal [15]).

Pero la sola voluntad de poder no es nada si no la relacionamos con el bien y el mal, con la sociedad y con el ascenso integral del hombre. La voluntad de poder por sí sola no nos ayuda a tener una visión lo suficientemente amplia o comprehensiva y razonable del mundo, pues una cosa es la voluntad de poder al servicio del bien y otra muy distinta es una voluntad de poder al servicio del mal. Si no se vincula al contexto social, si solo es un valor egoísta, al servicio exclusivo del yo, tal voluntad no pasa de ser un concepto egocéntrico que no nos ayuda a tener una visión razonable del mundo. Nada de ideas claras sobre la relación con el contexto social he encontrado en el superhombre nietzscheano; además, a menudo lo que he encontrado ha sido más poesía que Filosofía. Por ello, y por todo lo que antes he dicho sobre la

---

[15] "...el mal es la mayor fuerza del hombre. ¡El hombre tiene que hacerse mejor y más malo. Eso es lo que yo enseño. Un mal mayor es necesario para el mayor bien del superhombre. Padecer y sufrir por los pecados de los hombres podía ser bueno para aquel predicador de gentes pequeñas (se refiere a Jesús). Mas yo me regocijo del gran pecado como de mi gran consuelo" (el paréntesis es mío): "Así Habló Zarathustra"

guía divina, prefiero esta última a los efectos de columbrar cómo es el hombre superior.

El ideal, per-se, tampoco es suficiente para configurar al hombre superior. No basta con perseguir un ideal para ser el hombre superior. Ello depende del ideal perseguido, puesto que hay ideales e ideales. No basta, para ser el hombre superior, poner "la proa visionaria hacia una estrella y (tender) el ala hacia tal excelsitud inasible, afanoso de perfección y rebelde a la mediocridad..."[16]. Esto es sólo una apología al ideal per-se, cuyo valor depende del ideal perseguido; el ideal de los perversos no merece apología alguna. Lo importante es saber qué estrella es aquella hacia la cual enderezamos nuestra proa. El ideal es componente indispensable en el hombre superior, cierto, pero por sí solo no es suficiente. El ideal que impulse y motive al hombre superior, ha de ser uno que contribuya a -y que esté en línea con- el ascenso integral del hombre.

El hombre superior es esencialmente sincero. Sincero con sus semejantes, pero principalmente sincero consigo mismo. Sincero en la búsqueda de la verdad. Sincero ante la vida. Esta tal vez sea la característica más sobresaliente del hombre superior. Eso lo vuelve puro y lo hace partícipe de lo eterno, al tiempo que lo aleja del mundo[17].

La conducta actual y el hombre superior. La guía divina nos conduce a resultados sorprendentes. A columbrar un hombre superior enteramente distinto al que podríamos imaginarnos con sólo nuestra humana perspicacia, y más distinto aún al mero hombre-poder. La caracterización (implícita) que hace Dios del hombre superior, es enteramente distinta a la que normalmente haríamos los humanos. Pero la guía divina no nos dice en forma directa cómo es ese hombre; lo hace de una forma indirecta, implícita. Tratemos de descubrirlo.

A diferencia de la justicia humana, lo que interesa a la justicia divina es la conducta ***actual*** de los seres humanos. El asunto tal vez podría resumirse así:

---

[16] José Ingenieros, "El Hombre Mediocre"

[17] A los hombres verdaderos no les pertenece nada de este mundo, solo la eternidad, eso que los místicos llaman reino de Dios. Eso, palabras más, palabras menos, es lo que Hermann Hesse pone en boca de uno de sus personajes de "El Lobo Estepario".

para efectos del juzgamiento divino del hombre bueno actual, no es una carga el que éste antes haya sido malo, como no es justificación para el malo actual que antes haya sido bueno[18]; lo que cuenta, para la justicia divina, es la conducta actual[19]. El juzgamiento que Dios haga de los hombres dependerá de la conducta actual de éstos[20].

El malo que se vuelve bueno vale mucho para Dios. La Biblia tiene muchas parábolas y referencias a esto, como el regocijo del padre ante el regreso del hijo pródigo o del dueño de las ovejas cuando encuentra a la descarriada; como la orden que da Jesús de perdonar al que se arrepiente[21] y, especialmente, el caso de la conversión de Pablo. En cambio, el bueno que se

---

[18] Pero -se preguntará el lector- ¿qué son el bien y el mal?. Ya hemos dicho que el bien y el mal se identifican con el desarrollo y el subdesarrollo espiritual, respectivamente, y éstos con el grado de cumplimiento de los mandatos de amor.

[19] "La justicia misma del justo no lo librará el día de su sublevación. Pero en lo que respecta a la iniquidad del inicuo, no se le hará tropezar a causa de ella el día en que se vuelva de su iniquidad. Tampoco podrá cualquiera que tenga justicia seguir viviendo debido a ella el día que peque. Cuando yo diga al justo: positivamente seguirás viviendo, y el mismo realmente confíe en su propia justicia y haga injusticia, todos sus propios actos justos no serán recordados, sino que por su injusticia que ha hecho... por ésta morirá". (Ezequiel 33:12-13).

[20] "...en lo que respecta a alguien inicuo, en el caso de que él se vuelva de todos sus pecados que haya cometido y realmente guarde todos mis estatutos y ejecute derecho y justicia, positivamente seguirá viviendo. No morirá. Todas sus transgresiones que haya cometido...no serán recordadas contra él. Por su justicia que ha hecho seguirá viviendo" (Ezequiel 18: 21-22). "...cuando alguien justo se vuelve de su justicia y realmente hace injusticia... ninguno de todos sus actos justos que él ha hecho será recordado. Por su infidelidad que ha cometido y por su pecado con el cual ha pecado, por ellos morirá" (Ezequiel 18:24).

[21] "Si tu hermano comete un pecado... y si se arrepiente, perdónalo. Aún si siete veces al día peca contra ti y siete veces vuelve a ti diciendo: me arrepiento, tienes que perdonarlo" (Lucas 17:3-4).

vuelve malo no vale nada a los ojos de Dios [22], por muy bueno que antes haya sido. Así pues, lo que Dios tiene en cuenta es la conducta *actual*. En consecuencia, es razonable suponer que el registro de méritos y deméritos, del que hablábamos anteriormente al referirnos al proyecto divino, no sea estático sino dinámico; que acompañe a la evolución espiritual del individuo.

Muy serias y sorprendentes consecuencias tiene la importancia que Dios da a la conducta actual. Y es a la luz de estas consecuencias que empieza a emerger la figura del hombre superior.

El bueno tiene un grave desafío existencial: el de seguir siendo bueno, pues si se vuelve malo, todas sus obras buenas pasadas no le servirán de nada a la hora de ser juzgado. Nada de atenuantes en función de sus obras buenas pasadas, como los hay en la justicia humana. Es pues una situación dura la del hombre bueno. En cambio, el malo está en situación privilegiada, pues si se vuelve bueno, sus obras malas pasadas serán olvidadas a la hora de ser juzgado, a diferencia de la justicia humana que no las olvida. ¿Nos parece injusta esta forma de justicia divina? ¿Por qué Dios enfoca las cosas en esta forma? No tengo respuesta que ofrecer, pero sí puedo recordar la sentencia bíblica de que los caminos de Dios no son los nuestros. En todo caso, puedo percatarme que el efecto de ese estilo de justicia tiene consecuencias evidentes: supone un respaldo a la conducta buena *per sé* (léase desarrollo espiritual individual), venga de quien venga, sea del bueno que sigue siendo bueno o del malo que se vuelve bueno; además, es como si Dios hiciese una separación conceptual entre la virtud y el virtuoso y entre el pecado y el pecador, pues lo que le interesa es que siga habiendo virtud y que deje de haber pecado; supone un llamado a que el bueno no deje de serlo y a que el malo se vuelva bueno.

No dejar de ser bueno, por un lado, y renunciar a la maldad, por otro, en un medio que nos empuja hacia el mal, no es cosa fácil; es tarea de gente espiritualmente fuerte; de gente grande, no de gente pequeña. Requiere de una actitud decidida frente al medio social; y también de una estrategia de vida, como aquella de "ir entre lobos...cautelosos como serpientes y sin embargo

---

[22] Jesús dijo a sus apóstoles: "Ustedes son la sal de la tierra; pero si la sal pierde su fuerza ¿cómo se le restaurará su salinidad? Ya no sirve para nada, sólo para echarla fuera para que los hombres la pisoteen". (Mateo 5:13)

inocentes como palomas"[23], o aquella otra de "ser presto en cuanto a oír, lento en cuanto a hablar, lento en cuanto a ira"[24]. Estas son actitudes propias del hombre espiritualmente fuerte, del hombre superior.

Pero, no faltará quien piense que este "modelo" premia al cínico, esto es, al malo que decide seguir siéndolo, en la seguridad de que en el futuro, cuando se arrepienta, sus malas obras pasadas le serán perdonadas, no serán recordadas. ¡Y vaya que la actitud cínica existe en muchas personas, y a menudo llevada a extremos realmente grotescos! He oído declaraciones públicas de criminales confesos, valerse de la Biblia para justificarse, espetándonos que todos, no solo ellos, estamos sumidos en el pecado, y que el que se sienta libre de pecado que lance la primera piedra.

El problema para el cínico es que una actitud así no le llevará jamás a un arrepentimiento genuino, ni a un cambio de vida también genuino, elementos indispensables para volverse realmente bueno. Es una actitud parecida a la del adicto -cualquier tipo de adicto- que cree que es lo suficientemente fuerte como para dejar su vicio en el momento que decida hacerlo, reflexión en base a la cual decide seguir sumido en el pantano. Su equivocación consiste en que mientras su actitud sea cínica, serán remotas sus posibilidades de enmienda. Las verdaderas posibilidades de enmienda no pertenecen a los cínicos sino a aquellos que no lo son o a aquellos que dejan de serlo, y a aquellos que sinceramente hacen un esfuerzo de enmienda.

El punto que quiero señalar es que la actitud del hombre superior no es la del cínico. Sencillamente, él no se aprovecha de la promesa de olvidar sus errores pasados para seguir errando. Su filosofía de vida no es ni de lejos la del cínico. Es fácil caer en la tentación cínica, pero el hombre superior, si es bueno, seguirá siéndolo; y, si es malo, se volverá bueno. *Si es malo* acabo de decir. ¿Significa que el hombre superior puede ser malo? No, lo que significa es que el malo también puede llegar a ser un hombre superior; significa que en el malo también puede haber un bueno en potencia, significa que también hay malos que son potencialmente hombres superiores. La Historia tiene muchos ejemplos al respecto. Pablo, por ejemplo.

---

[23] Mateo 10:16
[24] Santiago 1:19

Una de las cosas que mejor identifica al hombre superior es su inclinación a la pureza, si importarle que su actitud sea reconocida o no por la sociedad, o que por ella llegue a destacarse o no, o que le haga acreedor a alguna recompensa o no. Lo que cuenta para él son los valores puros por sí mismos, independientemente de que sean reconocidos o no. Sabe que los actos puros forman parte de lo eterno, no se pierden en la nada, al contrario, perviven; en algún lugar cósmico quedan registrados; de algún modo guardan armonía con un futuro luminoso que intuye, aunque no lo entienda.

Circunstancias y consecuencias del "modelo". Este modelo, según el cual el bueno debe seguir siéndolo y el malo dejar de serlo, tiene y está rodeado de, no pocas consecuencias y circunstancias.

La más importante consecuencia tiene que ver con la fortaleza espiritual, con la entereza que es necesaria para que el bueno siga siéndolo y para que el malo deje de serlo. Y aquí sigue emergiendo la figura del hombre superior: el bueno que es capaz de seguir siéndolo, e incluso de avanzar -ahí sí- hacia "la excelsitud inasible, afanoso de perfección y rebelde a la mediocridad"; y, el malo que es capaz de elevarse sobre su propia podredumbre en busca de un nuevo sentido para su vida, esos son hombres superiores, o están en camino de serlo.

Mas las presiones inversas del entorno social, esto es, para que el bueno deje de serlo y para que el malo siga siéndolo y más bien empeore, son enormes. Ya vimos, al analizar las relaciones básicas espíritu-sociedad, que se producen inducciones de lo externo hacia lo interno; de la sociedad hacia el yo, y que muchas de estas inducciones son de signo negativo, esto es, orientadas al mal.

Ahora bien, esas inducciones negativas, provenientes del entorno, son muy poderosas, debido a que hay una ***pluralización asimétrica,*** de la que me ocuparé más adelante, que les da una gran fuerza persuasiva-colectiva sobre el yo individual. Contra esa gran fuerza de inducción hacia el mal es que tiene que luchar el bueno que quiere seguir siéndolo y el malo que quiere dejar de serlo. Sólo el individuo que es capaz de sobreponerse a tales fuerzas, puede recorrer el camino que conduce a la condición de hombre superior.

Ya veremos cómo, en alas de la pluralización asimétrica, la sociedad acepta y hasta concede status de normalidad y de legalidad a más y más costumbres y comportamientos que antes los consideraba inmorales, inicuos e ilegales. Matrimonios entre homosexuales son legalizados; adopciones de hijos por parejas de un mismo sexo son permitidas; nombramientos de religiosos gay para desempeñar altos cargos eclesiásticos, son realizados; fondos públicos para facilitar el consumo de drogas a los adictos, son asignados; el aborto también es legalizado; la prostitución es considerada como actividad comercial normal, y como tal sujeta a impuestos fiscales, etc. Todo esto, como es obvio, deteriora el entorno social y hace más difícil el camino de quien quiere elevarse sobre la inmoralidad y la mediocridad.

¡Cuán difícil es mantener la bondad, la cordura, la calma y la moralidad, en medio de la vorágine de las pasiones desatadas y de la inmoralidad rampante! Es fácil ser bueno en un ambiente de bondad y moralidad. Es más difícil serlo en un medio en el que un gran número de individuos practica el mal. No es cosa fácil, entonces, elevarse a los niveles del hombre superior.

En un ambiente así, saturado de mal, es fácil contagiarse de él. Cuando el hombre común se confronta con el mal, suele ceder a la tentación de responder a él con otro mal. El hombre superior, en cambio, no cede a esa tentación. El que ante el mal responde con mal, cae en él; no se percata de cuánto purifica la inofensividad, de cuánto ésta acerca a lo sublime, a la verdadera sabiduría, inclusive al poder espiritual, en fin, a la condición de hombre superior. Y si se percata, no es capaz de practicar la inofensividad porque la vorágine social enajena su corazón y su mente.

Pero cuidémonos de entender correctamente qué significa la inofensividad del hombre superior. En modo alguno significa cobardía. Su actitud no es la de "dejar hacer, dejar pasar", la de no hacer nada ante la maldad que le rodea. Lo que sucede es que su forma de intentar mejorar el entorno social no es violenta, sino basada en el amor, la inteligencia, la sagacidad y la razón. A diferencia del temerario, no usa la violencia en ninguna de sus manifestaciones, sino la razón, la persuasión y su propio ejemplo. Pero el hombre superior no es cobarde; los peligros del entorno no le impiden decir su verdad, aportar su grano de arena para el ascenso integral del hombre. No es pusilánime; por el contrario, su actitud de apego a la guía divina le exige -y le ayuda a conseguir- una gran dosis de entereza y valor. Valor, además, para mantenerse impoluto en medio del cieno social que le rodea. Algunos hombres superiores llegan al sacrificio de su propia vida por sus principios, otros no, pero unos y otros son hombres superiores.

¿Qué consecuencias puede tener para la sociedad en su conjunto la presencia del hombre superior en su seno? No puede ser otro que el de ayudar a hacer viable el ascenso integral del hombre. En efecto, si el bueno persiste en seguir siéndolo, e inclusive de elevarse; y, el malo se vuelve bueno, el resultado de todo esto no puede ser otro que el de contribuir al mejoramiento del contexto social.

Los fundamentos de la fortaleza espiritual. ¿De dónde surge la fortaleza espiritual del hombre superior? ¿Cómo se explica que preste oídos al bien y no al mal? ¿Y cómo se explica que use su libertad-voluntad en dirección al bien, cuando otros, en sus mismas circunstancias sociales o aún más propicias, la usan en dirección al mal?

No me atrevería a decir que existe una causa única para el comportamiento superior, pero lo que sí puedo aseverar es que en muchísimos casos, la calidad de creyente que tenga el hombre superior, explica tal comportamiento. Pero, ¿creyente en qué? Creyente en la existencia de un Ser Supremo, cuya guía acepta y practica. En efecto, si alguien está persuadido de que está obrando de acuerdo a una guía enormemente superior a la suya propia, a una guía infinitamente sabia, estará muy propenso a revestirse de valor para cumplir tal guía. Desde luego, esto no ocurre siempre, pues nunca faltan pusilánimes que a pesar de saber por donde brilla el sol, prefieren vivir en las tinieblas. Pero, en general, es indudable que el tener la certeza de que se está en el camino correcto, el que nos señala la sabiduría suprema, genera confianza y fortaleza espiritual.

En resumen, si la estrategia externa lograra modificar lo interno -que no lo hace- hacia el bien y en forma generalizada, tendríamos una sociedad integralmente desarrollada, enteramente distinta a la que conocemos y a la que se proyecta hacia el futuro. El desarrollo social integral sería uno en el cual el desarrollo espiritual desempeñaría un papel protagónico, y el material lo complementaría, subordinándose a aquel.

Y dado que el futuro de la sociedad depende del grado de desarrollo espiritual individual de los seres humanos que la componen, antes que de aspectos meramente organizacionales; y, dado que tal desarrollo no se está produciendo sino todo lo contrario, lo único que podría revertir el proceso de deterioro social es que se multiplicase el escaso número de hombres superiores que existen en la sociedad.

El hombre superior no es un ser superdotado, ni un profeta, ni el hombre-poder nitzscheano, ni un ser mitológico, ni nada por el estilo; tampoco un ser ordinario presa de sus propias pasiones y debilidades, adaptado a la mediocridad del medio. El hombre superior es, simplemente, un ser de carne y hueso que ha sabido encontrar en la guía divina, o quizás en otras fuerzas inspiradoras, la clave de su propia fortaleza espiritual para practicar el bien y evitar el mal; un hombre de principios morales fuertemente enraizados en su yo, que actúa en esa forma por convencimiento propio y genuino, sin que nadie lo obligue a ello y a pesar de las condiciones adversas del entorno.

La principal consecuencia de la presencia del hombre superior en la sociedad, no es otra que la de contribuir, con su ejemplo y su acción, al ascenso integral del hombre.

SEGUNDA PARTE

Los mecanismos impeditivos

CAPITULO VII. EL DÉFICIT DE AMOR-DECISION

El desarrollo social integral no se ha producido. La estrategia externa no ha funcionado en la forma como se suponía que debía funcionar, y ello porque existen ciertos mecanismos sociales, derivados del subdesarrollo espiritual individual, que la devalúan, y explican por qué la estrategia externa no está logrando el progreso social integral generalizado. Son mecanismos que no contribuyen al ascenso integral del hombre. Son solo de índole operativa o instrumental, pues la explicación última de la degradación social yace en el fondo del yo, en su subdesarrollo espiritual. El conjunto de todos esos mecanismos constituye una verdadera impedancia[25] social que trabaja en contra del ascenso integral del hombre. Los capítulos de esta Segunda Parte están dedicados a analizar el funcionamiento de esos mecanismos impeditivos, así como sus efectos en la vida cotidiana, es decir, a desarrollar una teoría de la impedancia social.

La causa última de la impedancia social es el subdesarrollo espiritual individual. Eso ya lo hemos aclarado, ¿pero *de qué manera* se genera y opera la impedancia?

Hay una intuición que a la larga nos llevará a responder esa pregunta. Tal intuición es esta: si hemos aceptado la existencia de Dios, así como la de un canal de comunicación Dios-hombre, es lógico, absolutamente lógico, suponer que en esa comunicación podamos rastrear la respuesta que estamos buscando. Porque si hemos aceptado la existencia de Dios, es lógico que también aceptemos su revelación y dentro de ésta, su guía, en este caso, guía para encontrar la respuesta a un asunto de tanta importancia como el planteado.

Si optamos por este camino, forzosamente debemos entrar en el campo de la comunicación Dios-hombre, pues si vamos a buscar la guía de Dios, ¿en

---

[25] Impedancia, palabra que he tomado prestada a la Física, es la resistencia que ofrecen los circuitos eléctricos al paso de la corriente. De ella me voy a servir para establecer una analogía con lo social.

dónde más que en esa comunicación podríamos hallarla? ¿Y qué es lo medular de la comunicación Dios-hombre? Ya lo señalamos antes: los mandatos básicos de amor. Consecuentemente, allí, en esa región, en la región de los mandatos básicos de amor, debe estar la guía que nos lleve a encontrar la respuesta que estamos buscando. En otras palabras, la respuesta respecto a cómo trabaja la impedancia social necesariamente tiene que estar relacionada con el amor, pues con el amor están relacionados los mandatos divinos, que tan poco cumplimos.

¿Qué clase de amor? Todo el ámbito posible del amor. El amor al hombre es el mandato más estrechamente relacionado con el comportamiento social, que, obviamente, es donde hay que buscar la respuesta que andamos buscando.

El amor y las funciones del espíritu. Así pues, ya estamos ubicados en el campo del amor al hombre. ¿Y qué encontramos en él?

Al relacionar el amor con la moral, advertimos que no todo amor es bueno, como no todo odio es malo. No todo amor es bueno: amar las riquezas es malo. No todo odio es malo: odiar la injusticia es bueno. Por manera que debemos cuidarnos de no generalizar conceptos al tratar el tema del amor. El amor al hombre no puede significar amar todo lo atingente al hombre.

Pero tal vez lo más importante respecto al amor al hombre es lo que podemos descubrir cuando consideramos el amor en relación al espíritu. Las funciones del espíritu son las de pensar y sentir. Y si bien es legítimo que consideremos al amor dentro de la función sentir, no es menos cierto que, como lo vamos a ver enseguida, también lo podemos considerar como un acto de conocimiento y por lo tanto, dentro de la función pensar.

El sentir sicológico se caracteriza por ser espontáneo. El amor romántico entre un hombre y una mujer; el amor de los padres a sus hijos; el amor entre hermanos, etc, pertenecen a la categoría del amor-sentimiento; son claros ejemplos de sentir sicológico, espontáneo.

A través del pensar, la otra función del espíritu, el hombre adquiere conocimiento, entre otras cosas, de los valores y los antivalores. Pues bien, está al alcance del ser humano conocer que hay un amor que no es ***sentir*** espontáneo, sino producto de una decisión, y que este amor, más que sentimiento, es un valor, y se llega a él mediante el pensamiento.

El amor-decisión. Este es un tipo de amor -un valor- que no se lo siente espontáneamente, sino que se lo construye deliberadamente. Un amor que no es de naturaleza sentimental sino producto de la voluntad y del pensamiento; de una decisión del espíritu. Por ejemplo, frente al sufrimiento de otros puedo querer (pensamiento-voluntad) ser solidario y actuar en consecuencia; puedo querer (pensamiento-voluntad) ser útil al que sufre y serlo efectivamente, y al así proceder, dar forma a ese tipo de amor, independientemente de que él se construya -para el caso de este ejemplo- a partir de un sentimiento inicial de lástima o de misericordia.

El voluntariado es un buen ejemplo de amor-decisión: esas personas de buena voluntad que dedican su tiempo a ayudar a los más necesitados, sin esperar nada a cambio, son constructores de amor-decisión. Aquellos que se dedican a difundir el mensaje divino, sacrificando su comodidad y sus horas de descanso, sin esperar nada a cambio, son constructores de amor-decisión. Los heróicos bomberos neoyorkinos que el fatídico 11 de septiembre de 2001 llevaron el cumplimiento del deber hasta el extremo de su propio sacrificio, fueron constructores de amor-decisión. El niño que ofrece unas moneditas a un indigente, es un precoz constructor de amor-decisión.

Desde luego, es posible que algunos casos que aparentan ser amor-decisión en realidad no sean tal, sino amor espontáneo. Si la obra social de la madre Teresa de Calcuta obedeció a un espontáneo sentimiento de amor, entonces fue algo superior al amor-decisión, pero si se basó en el propósito de cumplir un deber de conciencia, entonces fue una de las más bellas y elevadas expresiones de amor-decisión. Lo que hace que el amor-decisión sea tal, es el hecho de que se base en la necesidad espiritual de cumplir un deber de conciencia, y eso es algo que decide el espíritu de cada ser.

El amor-decisión tiene mucho que ver con la justicia, pero no es sólo justicia fría, es algo más; tiene calor humano construido. Quizás sea una síntesis de amor-sentimiento y justicia. Está estrechamente vinculado a la moral, pero es por algo más que por mera moralidad que *decido* imbuirme de este valor, de este tipo especial de amor. Entonces, también es una síntesis de amor-sentir y moralidad.

El amor-decisión es esencialmente un ejercicio de comprensión de la situación del prójimo; un esfuerzo deliberado por tratar de entender sus motivaciones y sus circunstancias; por tratar de ponernos en sus zapatos; una forma especial de empatía. El término "amor-decisión" lo uso, simplemente, por no haber encontrado una palabra apropiada para designar esta cosa. En todo caso, lo importante es que el amor-decisión no es espontáneo. Es volitivo.

¿Qué es lo que me impulsa a querer construir este tipo de amor? Quizás podría decir que es algo así como una necesidad de sentirme solidario con la especie humana, e identificarme con ella. También podría reiterar que los principios morales son los que impulsan a generar amor-decisión. Quizás un astronauta solitario, en órbita alrededor de la Tierra, mirándola a través de su escotilla, sintiéndose separado de la especie a la que se pertenece, de esa especie que bulle allá abajo, llena de inquietudes, problemas y esperanzas, pudiera explicar mejor este tipo de amor.

Pero también podría decir que hay una orden de amar, proveniente del Creador. En efecto, Dios nos ordena amar, a El mismo y a nuestros semejantes. Si el amor fuera algo exclusivamente espontáneo, un sentimiento que surge espontáneamente en nuestro yo, ¿cómo se explicaría que Dios nos *ordene* amar? La respuesta se vuelve posible cuando aceptamos que hay dos clases de amor: el amor-sentimiento y el amor-decisión, y que la orden divina de amar se refiere, básicamente, a este último tipo de amor.

El amor-decisión puede llegar a construir afecto o no. Es fácil comprender que pueda construir afecto quien decida amar al justo que sufre. Pero probablemente tal afecto no se lo pueda construir cuando de amar al enemigo se trate, caso en el cual lo que puede haber es solo cierta comprensión por el comportamiento del enemigo, e incluso, cierta separación mental que pueda hacer el sujeto "amante", respecto a lo que es el mal proveniente del enemigo y la persona misma del enemigo; entre el pecado y el pecador, pues solo haciendo esta separación podría tener la posibilidad de odiar solo al pecado y no al pecador. Lo que no puede haber es afecto, peor amor-sentimiento, hacia el enemigo, pero sí amor-decisión.

La existencia del amor-decisión hace entendible el hecho de que el mandato divino de amor al hombre no tenga excepciones, es decir, que incluya amar al enemigo: el amor-decisión es el que se puede profesar al enemigo, sin irnos contra natura. Cuando Jesús invoca al Padre y le pide que perdone a sus enemigos porque no saben lo que hacen, está entendiendo la situación, circunstancias y motivaciones de sus enemigos; está siendo empático, está haciendo una separación entre el mal mismo y quienes lo llevan a cabo; está practicando el amor-decisión[26].

La insuficiencia de amor-decisión. Precisamente por ser espontáneo, el amor-sentimiento existe profusamente en los seres humanos. Cosa muy diferente ocurre con el amor-decisión: es escaso, muy escaso, como lo atestigua la creciente marginación de grandes masas de población, de los beneficios del progreso, si se quiere una prueba material, y el también creciente egoísmo-individualismo, si se quiere otra de carácter espiritual.

En líneas anteriores dijimos que la causa última de la impedancia social hay que buscarla en el subdesarrollo espiritual individual. Ahora podemos afinar conceptos y decir que una de las más importantes manifestaciones del subdesarrollo espiritual es la insuficiente generación de amor-decisión en el seno de la sociedad. Pero como el amor-decisión es esencialmente voluntad, también nos vemos obligados a considerar la voluntad -y la libertad con la que la ejercemos- al analizar la insuficiente generación de amor-decisión. La causa inmediata de la insuficiencia de amor-decisión está en el mal uso de nuestra voluntad-libertad, características fundamentales del espíritu humano. Es que la facultad de ejercer nuestra voluntad, en el marco de nuestra libertad, es lo que determina lo poco o lo mucho de amor-decisión que construyamos en nuestras vidas. El amor-decisión, como queda dicho, no es un sentimiento espontáneo, sino un valor construido con voluntad; voluntad que, a su vez, somos libres de ejercer o no.

No hemos usado suficientemente nuestra voluntad-libertad para construir amor-decisión. Peor aún, la hemos usado para generar los opuestos al amor-decisión, es decir, sus antivalores. Si el valor amor-decisión es esencialmente un gesto de solidaridad volitiva, sus antivalores son fundamentalmente el egoísmo y el individualismo. Esto es lo que hemos construido masivamente.

---

[26] Es interesante considerar las razones que da la Biblia para "amar" al enemigo: "...si tu enemigo tiene hambre, aliméntalo; si tiene sed, dale algo de beber; porque haciendo esto amontonarás brasas ardientes sobre su cabeza" (Romanos 12:19). "Amontonar brasas ardientes sobre su cabeza", esa es la razón para "amarlo", ¿pero qué puede significar? Quizás esto: perturbarlo positivamente, y con ello ayudarle a rectificar su conducta.

Pero con todo esto no hemos hecho ningún descubrimiento espectacular. El mal uso de la voluntad-libertad, no es nada nuevo; eso lo sabemos desde siempre. Ahora, si nos preguntamos por qué el hombre ha hecho mal uso de su voluntad-libertad, tendremos frente a nosotros una cuestión insondable para la cual no tengo respuestas. Digo mejor, sólo tengo una respuesta basada en la fe: ha sido posible que haga mal uso de su voluntad-libertad porque el hombre no fue creado a la manera como se construye un robot; fue creado con capacidad para equivocarse. ¿Y por qué fue creado con capacidad para equivocarse? Debido al designio divino de que debía haber un componente de *merecimiento* para el logro de la sobrevida.

Pero volvamos al hecho de que el mal uso de la voluntad-libertad no es ningún descubrimiento. Lo realmente interesante y muy poco investigado, es la forma como la insuficiencia de amor-decisión impide el desarrollo integral de la sociedad, la forma como la insuficiencia de amor-decisión contribuye a la impedancia social.

La sociedad, en realidad, trata de desarrollarse integralmente sobre bases distintas al amor-decisión, que es un valor personal, de cada yo. Trata de desarrollarse en base a una estrategia externa que no modifica hacia el bien los yo internos de una manera generalizada. En la búsqueda de su desarrollo, la sociedad ha dejado un gran vacío: el que debió haber sido llenado por el amor-decisión, por ese amor que Dios nos ordena construir. Pero la estrategia externa ha demostrado ser insuficiente, absolutamente insuficiente, sino está generosamente complementada con ese producto personal de la volutad-libertad, que es el amor-decisión. Sin amor-decisión sólo nos queda el amor-sentimiento, poderoso pero insuficiente para lograr por sí solo el ascenso integral del hombre; y, ese cascarón hueco, inmerso en la estrategia externa, que es la legislación, que, aún si fuere idónea, por sí sola no logra modificar para el bien nuestro yo profundo y por lo tanto, tampoco puede elevar la sociedad a niveles superiores.

En resumen, la insuficiencia de amor-decisión, ese valor que es producto de la voluntad-libertad, contribuye poderosamente a la impedancia social. Es un obstáculo al desarrollo integral del hombre.

Y lejos de usar nuestra voluntad-libertad para la construcción masiva de amor-decisión, la hemos usado para crear sus antivalores, esto es, el egoismo y el individualismo.

CAPITULO VIII. EL ERROR.

¿De qué manera el no haber aplicado nuestra voluntad-libertad para la construcción masiva del amor-decisión está impidiendo el ascenso integral de la sociedad? Sobre eso debemos reflexionar ahora.

El insuficiente uso que hemos hecho de nuestra voluntad-libertad para generar amor-decisión; y, también el mal uso que hemos hecho de la misma al crear los antivalores egoísmo e individualismo, han dado por resultado el error, en su más amplia acepción. El error ha acompañado al hombre desde tiempos inmemoriales, y en la actualidad no hay visos de reducción del mismo.

Es que la voluntad y la libertad de que goza nuestro espíritu, mal utilizadas, pueden conducirnos a toda clase de errores, desde los más insignificantes hasta los de más graves y generalizadas consecuencias. Por otra parte, la sociedad moderna es el caldo de cultivo ideal para el individualismo y el egoísmo. El egoísmo-individualismo genera formas de pensar fraccionadas, formas de ver los problemas sólo en su superficie, sin calar en sus causas profundas; los problemas limitados son los que mayormente copan la atención de todos; en cambio, los de alcance general y profundo son a menudo soslayados. Muy frecuentemente el desinterés por lo de fondo adquiere ribetes de banalidad, siendo que los problemas sociales fundamentales no pueden solucionarse con enfoques epidérmicos y banales. Así, al no ir al fondo de las cosas, el egoísmo-individualismo contribuye poderosamente a impedir el progreso social, y a que el hombre caiga en el error.

Todo ser humano tiene ciertas obligaciones dictadas por su Creador, pero además, por la organización social a la que se pertenece. A algunos pensadores les repugna la idea del sometimiento a normas preestablecidas por la sociedad, y en cierta forma no les falta razón, en la medida que se trate de normas contrarias al desarrollo integral del hombre. Pero a menudo el no cumplir con sus obligaciones, pretextando la inconveniencia de la norma social o haciendo gala de rebeldía sin causa o de negligencia pura, no es más que una actitud hipócrita unas veces y cínica ótras, que trata de encubrir lo que realmente hay detrás: una actitud errada. Un error que puede tener consecuencias de bajo o mediano nivel de nocividad, pero que también puede ser causa de verdaderas desgracias sociales. ¡Cuánto menor nivel de error social habría si cada uno de nosotros cumpliéramos con las obligaciones que nos dicta una recta consciencia!

Los alcances del error. El error es el mecanismo operativo a través del cual el mal uso de nuestra voluntad-libertad contribuye a la impedancia. En este punto debo aclarar qué entiendo por error en cuanto mecanismo impeditivo y para los efectos de este capítulo.

En el lenguaje corriente la palabra *error* se asocia a nociones de equivocación, desacierto, falla. Se lo considera como moralmente neutro, en el sentido de no implicar malicia sino un mero equívoco: un juicio errado es un juicio equivocado, pero no mal intencionado. Ahora bien, yo lo voy a usar con un sentido muchísimo más amplio, de modo de poder referirme tanto a situaciones moralmente neutras como a aquellas que no lo son; a acciones en las que no hay mala intención, como a aquellas en que sí la hay. He buscado una palabra lo suficientemente comprensiva, lo suficientemente abarcante, como para evocar la parte negativa -maliciosa o no- que hay en las acciones humanas, y no la he encontrado. Por eso he echado mano de *error*, dándole el sentido ampliado que señalo, salvo en aquellas partes en que advierta que lo uso en el sentido corriente. Y es que toda acción desacertada, todo antivalor del amor-decisión, en suma, toda mala acción, toda equivocación, constituye un error, grande o pequeño, independientemente de que éste se cometa con intención o sin ella. Hay error en la equivocación que se comete de buena fe, pero también hay error, un gran error social, en los crímenes de todo tipo que se cometen deliberadamente. El pecado siempre es error, aunque el error no siempre sea pecado. El error está presente a todo lo ancho y largo del planeta, y ha acompañado al hombre desde siempre.

Frente al error, todos y cada uno de los seres humanos tenemos una suerte de obligación existencial: la de estar conscientes de él y de evitarlo. Es una obligación que apunta hacia el perfeccionamiento espiritual de la especie humana.

El mundo del error así definido, es enormemente complejo. La gama de errores es inmensa y va desde aquellos de muy poca importancia hasta aquellos que la tienen en gran medida. Desde las meras frivolidades, cuyas consecuencias aparentemente son insignificantes, hasta las grandes y equivocadas decisiones, voluntarias o no, que provocan verdaderas hecatombes. Hay errores voluntarios e involuntarios. Los errores los cometen personas individuales, grupos de personas, sociedades enteras, la sociedad humana considerada como un todo. Los errores tienen consecuencias, siempre nocivas, las cuales, así mismo, pueden afectar a personas individuales, a grupos de personas, sociedades enteras, a la especie humana en su conjunto, e incluso al entorno físico. Hay consecuencias que fundamentalmente inciden sobre la condición espiritual y otras sobre la situación material del hombre. Hay errores en el sentido corriente de esta palabra, es decir, sin connotaciones morales, pero hay ótros que sí las tienen. Este es un tema de gran importancia, razón por la cual hay que abordarlo en profundidad y ordenadamente.

El error como ser (ente). ¿Qué es el error: un ser o un atributo del ser? Podría pensarse que es un atributo del ser humano, pues es él quien lo comete. Pero no es así; el error, una vez cometido, tiene su propia existencia, sus propios efectos. El error es *ser* (en el sentido de **ente**), ser cultural, generado por el hombre, de la misma manera como una mesa, también producida por el hombre, existe, tiene sus propios atributos, es.

Así pues, dado que el error existe, es un ente. Además, existe no solo el error específico, como existe un pino, sino también una representación en nuestra mente de la esencia o idea general de error. La característica fundamental del error, ora como ser específico, ora como representación de la esencia de error, es la imperfección.

La representación que tenemos en nuestra mente del error nos obliga a reconocer su existencia, independientemente de que cuando lo cometemos nos percatemos o no de que hemos incurrido en él. Este es, entonces, el punto que quiero destacar: el error en sí y por supuesto también el error-fenómeno, existe, es un ser y, en consecuencia, es lo que es, más allá de que seamos capaces o no de advertirlo, de avizorar sus características y, sobre todo, de entender sus consecuencias.

Quizás no nos percatamos de los errores que cometemos en la educación de nuestros hijos, pero tales errores existieron, tuvieron consecuencias, y en la medida que tales errores se generalizaron en la sociedad, generaron grandes problemas sociales; es decir, el error existió, independientemente de que nos hayamos dado cuenta o no de que incurrimos en él. Quizás cuando iniciamos la destrucción de la biosfera, o cuando empezamos a distribuirnos tan heterogéneamente sobre la faz de la tierra, o cuando dimos pábulo al relajamiento de los valores morales, para citar tres de las más grandes irracionalidades humanas, no nos dimos cuenta que estábamos incurriendo en tres grandes errores cuyas consecuencias tarde o temprano las sufriríamos.

Así pues, el error existe -eso tampoco es novedad- pero además, por existir, es lo que es, aunque no estemos conscientes de la nocividad de sus consecuencias, es decir, de lo que es. El error acecha al la sociedad aunque ésta no se percate de su existencia.

A menudo el error está íntimamente vinculado al subdesarrollo espiritual personal. Es verdad que muchos errores los cometemos simplemente debido a nuestra naturaleza falible, imperfecta, pero no es menos cierto que demasiado a menudo los cometemos conscientemente, debido, fundamentalmente, a nuestra indolencia, y a nuestro egoísmo-individualismo, el cual, a su vez, se origina en el mal uso de nuestra voluntad-libertad.

Pero sea que lo cometamos consciente o inconscientemente, lo cierto es que el error es nuestro, y nuestras, por lo tanto, sus consecuencias. El error es, y, consecuentemente, es lo que es, y tarde o temprano tomamos conocimiento de qué es y en qué consisten sus consecuencias.

Los errores se pagan. Siempre hay alguien que sufre las consecuencias del error. Lo grave es que ese alguien no necesaria ni exclusivamente es el que lo comete. En realidad, las consecuencias negativas del error pueden ser sufridas: a) Por el que lo comete; b) Por alguien distinto del que lo comete; y, c) Por el que lo comete y por otros distintos a él. Lo cierto es que siempre hay alguien que paga las consecuencias negativas del error. Tarde o temprano, personas individuales, grupos de personas, la sociedad en su conjunto, pagan las consecuencias del error cometido por ellas mismas o por terceros.

A los creyentes nos es fácil entender esta situación, pues sabemos que hubo una primera pareja humana (o individuo, o grupo, o tribu, eso no parece ser lo esencial), que cometió el inmenso error de desobedecer a su Creador y luego ellos mismos y todos sus descendientes sufrieron las consecuencias. Es interesante observar cómo el mismo patrón de entonces se repite hoy una y otra vez. Hoy en día es muy común observar cómo los efectos del error los sufren personas distintas de las que lo cometieron, sin perjuicio de que también los sufran éstas.

Los errores tienen un abanico de efectos extremadamente amplio. Hay errores cuyos efectos son casi imperceptibles, quizás sólo molestos; pero hay otros cuyas consecuencias son enormes. Un error en una tarea escolar quizás se traduzca sólo en una nota baja del estudiante, pero el error de un líder que conduce a su pueblo a una aventura bélica, puede acarrear consecuencias catastróficas.

Así como hay errores cometidos por una persona individual o por grupos de personas, hay otros que los comete la sociedad en su conjunto, como la insuficiente generación de amor-decisión y la estrategia externa. Estos errores, aunque no lo parezca, tienen efectos devastadores, pues afectan negativamente al presente y futuro mismo de la sociedad. La estrategia externa sesgada es un error enorme, pues al no atacar el centro mismo del mal, que está en el corazón de la gente, sino sólo sus circunstancias periféricas, ha equivocado diametralmente el camino correcto y ha supuesto una masa inmensa de consecuencias negativas para la sociedad. La insuficiente generación de amor-decisión es una manifestación de la errada estrategia externa; se traduce en egoísmo-individualismo; en ausencia de solidaridad.

Lo detestable del error es el sufrimiento, grande o pequeño, que produce. Se puede enmendar el error de modo de no volver a incurrir en él, pero el sufrimiento que en su momento generó, no se puede eliminar, pues es un hecho consumado. No se puede incurrir cínicamente en el error aduciendo que posteriormente se lo enmendará, pues el sufrimiento que cause será un hecho irreversible. El sufrimiento es el verdadero precio que se paga por el error.

El efecto impeditivo del error. Lo que se destaca de lo dicho anteriormente es esto: los errores no se cometen gratis; a la corta o a la larga siempre generan consecuencias negativas que alguien las paga.

Ahora bien, si el error siempre se paga, entonces un creciente nivel de error social determinará un nivel también creciente de efectos negativos y de sufrimientos en la sociedad. El nivel de error de la sociedad contemporánea es ***creciente***, como lo demuestra, entre muchas otras evidencias y conforme ya lo mencioné anteriormente, la existencia de una tasa de crecimiento delincuencial-violento mundial superior a la del crecimiento de la población; por lo tanto, el nivel de consecuencias negativas de este error es también creciente, incluso "descontando" las atribuibles al mero aumento de la población.

Si el nivel de consecuencias negativas es creciente, ¿cómo puede la sociedad aspirar a un ascenso integral? No puede. Es lógico pensar que mientras siga en ascenso el error, no será posible el ascenso integral del hombre, pues estaremos cada vez más inundados de sus consecuencias negativas. El ascenso del error y el del hombre, son mutuamente excluyentes. El aumento del nivel de error social se convierte así en elemento impeditivo del ascenso integral del hombre. La única forma de avanzar hacia una situación de ascenso integral social es eliminando o al menos reduciendo sustancialmente el nivel general de error social.

El efecto impeditivo del error constituye la medida de la importancia de éste. Desde el punto de vista social, un error es tanto más relevante cuanto más grande sea su efecto impeditivo. A su vez, el efecto impeditivo del error depende de las características cuantitativa y cualitativa del error.

En efecto, como la impedancia se refiere a la sociedad en su conjunto, entonces la fuerza impeditiva del error depende de cuánto se propague éste a lo largo y ancho del tejido social. Esta es la dimensión cuantitativa del error. Pero el error también tiene una dimensión cualitativa: no es lo mismo un error de frivolidad que aquel que desencadena una guerra nuclear. Vamos a examinar estas dos dimensiones del error, empezando por la segunda.

La dimensión cualitativa del error. El denominador común de todos los errores es la imperfección. Todo error conlleva cierto grado de imperfección. Empero, en los errores que se cometen sin consciencia de sus consecuencias, la carga de imperfección es menor que en aquellos en los que sí se conocen sus consecuencias, pues en los primeros se puede aducir, siguiendo a Descartes, falta de conocimiento, no así en los segundos.

La imperfección no es otra cosa que un alejamiento del bien, o lo que es lo mismo, un acercamiento al mal. Hay errores involuntarios, pero también los hay voluntarios. El error involuntario se comete sin consciencia de que se ha incurrido en él; en el error voluntario, en cambio, la voz del mal ha susurrado a los oídos de quien lo comete, y lo ha persuadido a cometerlo.

Hay casos en los que la detección del error no es fácil. Se trata de errores que cuando se los comete, nadie, ni el que lo comete, ni terceros, consideran que se trata de un error; sin embargo, posteriormente, la experiencia nos demuestra que sí se trató de un error.

Ciertas conductas aparentemente heterogéneas tienen un trasfondo común, que las convierte en manifestaciones de un mismo tipo de error. ¿Hay un trasfondo común entre la decisión de lanzar la bomba atómica sobre Hiroshima y Nagasaki, y la acción demencial del terrorismo contemporáneo? Por supuesto que lo hay. Se trata de dos conductas basadas en una misma y satánica idea, en un mismo y terrible error: el de asesinar inocentes con el objeto de amedrentar a un tercero. Una forma de pensar abominable que se instala en el espíritu de cualquier cretino poderoso y sin escrúpulos, que juega a creerse Dios, y que se repite con aterradora frecuencia. Una forma de pensar que gana adeptos en todos los niveles de la paranoia humana, siempre con el resultado de hacer sufrir a inocentes.

Inicialmente un error tiene un determinado grado de imperfección, que puede ser alto o bajo, pero la importancia final que tendrá en la sociedad también dependerá de otro factor: del grado de propagación del error en el cuerpo social, con lo cual entramos en los aspectos cuantitativos del error.

La dimensión cuantitativa del error: la pluralización asimétrica como mecanismo de propagación. En un capítulo anterior señalé que somos naturalmente influenciables por las conductas de otros seres humanos, y que la gama de asuntos respecto a los cuales lo somos, es enorme, y va desde los de banalidad absoluta hasta aquellos otros que son de gran importancia. Sobra decir que el desarrollo de los medios de comunicación fortalece la función influenciadora que tienen las conductas de los seres humanos entre sí.

Llamé "línea de inducción" a la influencia que se produce de sique a sique, de yo a yo, y señalé que varias líneas de inducción, trabajando en un mismo sentido, generan una situación del mismo cariz en el contexto social, la cual, a su vez, influencia las siques individuales, produciéndose así una suerte de feed-back social.

También dije que, debido al mal uso de nuestra voluntad-libertad y a la prescindencia de Dios en nuestros procesos mentales, son los ejemplos errados los que más imitamos; a los que nos mostramos más receptivos; los que más han proliferado; los que más líneas de inducción generan; y, los que son responsables del surgimiento de un feed back que apunta hacia el mal. En esta forma, las inducciones que apuntan hacia bien tienen un bajo perfil de pluralización o simplemente no se pluralizan, en cambio, las inducciones para el mal sí se pluralizan, y profusamente, produciéndose así una *pluralización asimétrica* que provoca toda suerte de efectos negativos en la performance general de la sociedad.

Las conductas corruptas se propagan mucho más que las honestas. Un taxista que devuelve un bolso lleno de dinero de un olvidadizo pasajero es considerado un acto excepcional, y se transforma en noticia rara, digna de Ripley. La corrupción, en cambio, es pan de todos los días: en ella incurren grandes y chicos, ricos y pobres, débiles y poderosos. Su omnipresencia, incluso, está induciendo a mucha gente a considerarla como algo normal.

Igual sucede con la vileza y la caballerosidad. Las actitudes viles son cada vez más frecuentes, al punto que muchos las consideran, más bien, como manifestaciones de agudeza e ingenio, y hacen de ellas su modus vivendi. Las actitudes caballerosas, en cambio, son cada vez más escasas; incluso se las considera como obsoletas manifestaciones de debilidad, siendo que son todo lo contrario, pues se necesita ser espiritualmente fuerte para ser caballeroso en medio de tanta avilantez. La vileza manipula el "todo vale", la caballerosidad respeta el "fair play", pero puestas a competir una con otra, la primera lleva las de ganar: se propaga mucho más que la segunda.

La vanidad se difunde más abundantemente que la modestia. Más y más gente habla de sus propios logros y se vanagloria de ello. Tienen ansias desmedidas de notoriedad y harían cualquier cosa, por peligrosa, ridícula, extravagante o frívola que sea, para figurar en el libro Guiness de records. La modestia, en cambio parece ir perdiendo su categoría de virtud, para convertirse en debilidad o pusilanimidad, por decirlo con palabras suaves.

La tendencia a no incorporar elementos de solidaridad en las relaciones económicas entre personas y naciones, es un error que se propaga mucho más abundantemente que la tendencia a incluirlos, dejando todo librado a las frías fuerzas del mercado.

En suma, a través de la pluralización asimétrica puede apreciarse cómo los valores van perdiendo terreno frente a sus contrarios, los antivalores. Se propaga mucho más lo malo que lo bueno. Por eso, lo que ahora estamos construyendo es una sociedad contestataria a aquella que antaño considerábamos como ideal.

La pluralización asimétrica, o lo que es lo mismo, las réplicas del error -sobre todo del error culposo- genera una atmósfera social de desaliento, de desencanto, de desorientación, de pérdida de fe en nosotros mismos. Ciertos errores se repiten tanto, que el nivel de racionalidad de la sociedad tiende a perderse por completo, emergiendo en su lugar una condición generalizada de imbecilidad, cuyo nivel parece crecer más y más. Se produce una suerte de envenenamiento de los espíritus, de contaminación espiritual, que se refuerza a sí misma y nos induce a convivir con el mal, a aceptarlo y a ser parte de él. A tal punto llega la polución espiritual, que conductas que en el fuero interno se las reconoce como inmorales, la sociedad las acepta como inevitables y hasta necesarias.

Por otro lado, la pluralización asimétrica opera no solo en pequeños y acotados espacios de tiempo, sino también en el largo plazo. Es fácil detectar errores, volitivos y no volitivos, que se originaron en el pasado y que se prolongan a lo largo de muchas generaciones. Errores no volitivos, como la concepción geocéntrica del cosmos, o volitivos, como la degradación de los valores morales, dieron lugar a pluralizaciones asimétricas que permanecieron y permanecen, respectivamente, durante muchas generaciones.

¿Cómo es posible que una determinada pluralización asimétrica se mantenga en el tiempo? Es posible debido a que, de alguna manera, queda registrada en la memoria colectiva de la sociedad, en sus costumbres, en sus tradiciones. La sociedad, siempre en base al mal uso de su voluntad-libertad, continúa pluralizando el mal más abundantemente que el bien. Esto, a su vez, nos lleva a una muy interesante consideración respecto a la existencia de una especie de evolución sico-sociológica, de largo plazo, respecto a la cual todos los humanos tenemos una cuota de responsabilidad.

Se trata de un proceso mediante el cual las excelencias y los defectos, las tendencias hacia lo bueno y hacia lo malo, hacia lo acertado y hacia lo errado, se transmiten de generación en generación, de modo que cada ser humano, de cualquier época, tiene una cuota de responsabilidad en el comportamiento de los futuros habitantes del planeta. Así pues, cualquier cosa, lo bueno o lo malo, es transmisible al futuro. En este contexto, la pluralización asimétrica extiende sus tentáculos hacia el futuro. No es que la consciencia colectiva no registre las acciones buenas, lo que ocurre es que más abundantemente registra y repite las malas.

La responsabilidad de cada ser humano con el futuro se cumple en el campo de lo bueno o en el de lo malo, según lo que él escoja. A este respecto, resulta interesante constatar cómo la Biblia resalta la responsabilidad de cada ser humano en base a las capacidades de que fue dotado o de las circunstancias que rodearon su vida[27].

En el Antiguo Testamento hay un núcleo de normas básicas que tienden a mejorar la vida de relación entre los hombres, como: honrar padre y madre, no matar, no robar, no dar falso testimonio, etc., todas ellas resumibles en: hacer o no hacer a los demás lo que uno quisiera que le hagan o no le hagan a uno mismo, es decir, el mandato de amor al hombre. En el Nuevo Testamento, a su vez, hay otro núcleo de enseñanzas perfectamente identificables con las primeras. Los dos núcleos son, en realidad, uno sólo, y su cabal cumplimiento no sólo que mejoraría la vida de relación entre los hombres sino que la elevarían a la perfección misma.

Con la denominación de "núcleos" quiero significar que las normas y enseñanzas en cuestión no son únicas en el contexto bíblico, sino que están rodeadas de otras normas que no tienen el elevado valor intrínseco de las primeras, tales como algunas relativas al culto y a actividades específicas de las épocas en que fueron establecidas.

¿Qué relación hay entre el supuesto de la evolución sico-sociológica y el núcleo de normas básicas de la Biblia? Mucha, porque si los seres humanos cumpliéramos a cabalidad las normas de los núcleos bíblicos, la sociedad se elevaría desde el nivel de descomposición moral en el que hoy se encuentra, a niveles muy superiores; y, lo que es más importante, transmitiría sus nuevas características a las generaciones venideras, y éstas a las siguientes, hasta llegar a constituir una nueva sociedad, espiritualmente perfecta. Lamentablemente la sociedad humana, globalmente considerada, sigue un curso diametralmente opuesto a este ideal, pluralizando mucho más lo malo que lo bueno.

---

[27] Lucas 12-48: "De hecho, a todo a quien se le dio mucho, mucho se le exigirá; y al que pusieron a cargo de mucho, le exigirán más de lo acostumbrado".

Las causas últimas del error. ¿Tiene el error una causa única? Más aún: ¿es razonable buscar una causa única tanto para el error volitivo como para el que no lo es? En este punto sí tengo que abandonar la unicidad de la palabra error para buscar causas separadas, pues me luce más lógico hacerlo así, que buscar una causa única para errores de tan diferente naturaleza.

En el caso del error no voluntario es aplicable la afirmación de Descartes, esto es, la de que el desconocimiento es la causa del error. Pero a esta causa hay que agregar esta otra: la ausencia de interés genuino en cumplir con nuestras obligaciones; la ausencia de esa actitud de responsabilidad que se necesita para llevar nuestro "mensaje a García"; en suma, la indolencia.

¿Y qué hay del error cometido voluntariamente? ¿Se origina en una causa única, en algo así como una causa común a todo tipo de error voluntario, en una "fuerza unificada" -como la que buscan los físicos- que nos empuja a cometerlo? La hay, y es fácil, por mera intuición, detectarla: es cierta adicción a la libertad absoluta, es decir, al libertinaje, que muchos humanos tienen y que no son capaces de controlar. En su fuero interno se sienten con derecho a obrar en la forma que les venga en gana, sin importarles el que, en esa forma, vulneren los derechos de los demás, es decir, se sienten con derecho a gozar de libertad absoluta, y sin responsabilidad por los efectos que ello acarrea. Más aún, ni siquiera se detienen a considerar que los demás tienen derechos. Nada los detiene; su convencimiento de que tienen derecho a la libertad absoluta, a obrar como a bien tengan, eclipsa su temor al castigo. La estrategia externa no logró cambiar sus patrones de pensamiento; no logró librarlos de su adicción al libertinaje.

La inclinación por la libertad absoluta reedita una y otra vez el libertinaje en que incurrió la primera pareja humana y que la llevó a acercarse al mal. Por lo tanto, el pecado original, el gran error volitivo primordial, es un hecho que sucedió y cuyas réplicas, como en los movimientos sísmicos, siguen sucediendo todos los días.

¿Es lógico creer que el hombre, con tan fuerte inclinación por la libertad, al punto de que a menudo incurre en excesos, deba voluntariamente limitar su libertad? Por supuesto que es lógico: si no se autolimita, la sociedad pasa a ser un caos, un desorden total, una selva donde lo que funciona es la ley del más fuerte. Y el caos no es el estado natural de vida de ese ser racional que es el hombre. Por eso, la idea de que la libertad individual termina donde empieza el derecho de los demás, es correcta. Esto es muy obvio, no obstante lo cual, muchos seres humanos hacen tabla rasa de tan fundamental principio. ¿Por qué?

El hombre tiene un gran potencial para el bien, pero también para el mal. ¿Qué es lo que hace que tan a menudo el fiel de la balanza se incline hacia el lado del mal? ¿Qué es lo que hace que el hombre incurra en libertinaje? ¿Cómo se explica que el más perfecto de los seres vivos no acepte un principio tan lógico y obvio, como es el de autolimitar su libertad? Hay algo que extravía y confunde su razonamiento, inclinándolo hacia el mal. ¿Qué es? El hombre está dotado de un espíritu superior, que le proporciona un alto nivel de consciencia, ¿cómo entonces se explica que tan a menudo se incline hacia el libertinaje y con él hacia el mal?

Dado que está dotado de un alto nivel de consciencia, que por sí solo debiera ser suficiente como para persuadirlo a no incurrir en el mal, puedo legítimamente suponer que hay un factor diferente al hombre mismo que se apodera de una parte de su yo, sino de todo él, para inducirlo al mal. Algo o alguien que le aconseja con gran fuerza persuasiva, a soto vocce, a obrar irrazonablemente, erradamente. Ese algo no necesariamente ha de provenir del hombre mismo, pues si bien éste tiene potencial intrínseco para el mal, también lo tiene para el bien; y no tengo derecho a suponer que en el yo profundo del ser humano, el mal sea naturalmente más fuerte que el bien.

En una balanza en equilibrio lo que hace inclinar el fiel no son los pesos mismos, sino una fuerza independiente aplicada sobre alguno de ellos. De la misma manera, me parece que si el hombre tiene potencial latente tanto para el bien como para el mal, debe haber cosas diferentes al hombre mismo, que activan ese potencial hacia el bien o hacia el mal. Factores invisibles pero poderosos, que inducen en el hombre actitudes diametralmente opuestas. Un espíritu del bien y otro del mal; un espíritu que señala el camino correcto; otro, azuzador, que enseña el camino equivocado, errado.

Así, en nuestra búsqueda de una causa única del error volitivo, nos encontramos con una situación en la que, actuando un factor independiente, maligno, en pro del mal, y una voluntad humana que no le opone suficiente resistencia, se produce una pérdida del equilibrio en favor de este tipo de error. De todo lo cual podemos ver cuán decisiva es esa característica fundamental del espíritu humano a la que a menudo hemos hecho referencia en este libro: la voluntad. El ejercicio de la voluntad es, en definitiva, crucial para el florecimiento del bien o del mal. La esencia del hombre tiene mucho que ver con la voluntad y con la libertad que tiene para aplicarla. Entonces, la causa última del error volitivo no es otra cosa que el mal uso de la voluntad-libertad.

¿A dónde nos lleva nuestra tendencia al libertinaje?. He sostenido que, aunque tenemos un conocimiento progresivo de lo social, no hemos podido discernir, de una manera que no admita duda alguna, a dónde conduce el curso general de los acontecimientos sociales. Tan cierto es esto, que aún no conocemos a ciencia cierta si, en el largo plazo, la Historia es cíclica o unidireccional; es decir, que no hemos podido discernir hasta hoy, qué es lo que la sociedad llegará a ser.

También dije que, sin embargo, a través del ***creer***, esa otra forma del pensar, podemos llegar a tener una visión más o menos definida respecto a lo que la sociedad humana llegará a ser. Tal visión no es otra que la que nos proporcionan nuestras convicciones religiosas e ideológicas. En el caso particular de las religiones cristianas -señalé- la visión que tenemos es la de una sociedad en constante deterioro moral, sociedad que, finalmente, ha de dar paso a un nuevo orden de cosas -dispuesto por el Creador- de perfección y felicidad.

Pero ubicándonos exclusivamente en el plano del pensar-conocer, no del pensar-creer, cabe que nos preguntemos: ¿hacia dónde nos conduce nuestra tozuda tendencia a la libertad personal absoluta? Cada día en el seno de la sociedad aparecen nuevas dimensiones y nuevas formas de libertinaje, al punto que parecería que no existe límite a la capacidad de errar del ser humano.

Algunas personas tienen una visión de largo plazo más bien optimista sobre este particular, basada en las manifestaciones de racionalidad de la sociedad. Sostienen que el Renacimiento, e inclusive las postrimerías de la Edad Media, marcaron el surgimiento de una poderosa corriente de pensamiento o "lineamiento" histórico, que perdura y cobra fuerza en los años actuales: el racionalismo, esto es, la disposición del ser humano a confiar en la razón para resolver sus problemas. Las atrocidades cometidas en el siglo XX, como los campos de concentración de Hitler y de Stalin, son solo los últimos coletazos del irracionalismo que, sin embargo, no desvirtúan la corriente racionalista de largo plazo. Todo esto decía Francisco Miró Quesada, destacado filósofo peruano, en 1990.

En los últimos tiempos varios acontecimientos mundiales parecen dar la razón a este punto de vista, pues apuntan en dirección al racionalismo: la búsqueda de la eficiencia; el fin de la guerra fría; la creciente participación de la comunidad internacional en la solución de los conflictos regionales; y, el ascenso de la democracia en países en los que imperaban regímenes dictatoriales. Últimamente (primeros años del siglo XXI), sin embargo, están apareciendo gobiernos que solo en apariencia son demócratas; en el fondo son dictaduras.

El "lineamiento" histórico iniciado en el Renacimiento es sin duda racionalista, pero no abarca todo el espectro deseable, posible y sobre todo necesario del racionalismo, es decir, no apunta hacia un racionalismo integral. ¿Podemos cifrar nuestras esperanzas en la posibilidad de que el racionalismo actual que, como se ve, se desarrolla sólo en ámbitos específicos, pueda, aunque sea a través de un largo proceso evolutivo, llegar a ser un racionalismo integral? Obviamente, es muy aventurado responder a esta cuestión (siempre en el plano del pensar-conocer, no en el del pensar-creer).

Y es que el propio racionalismo actual, parcial y precario, está preñado de grandes interrogantes. La búsqueda de la eficiencia, ¿conducirá al bienestar de todos o solo al de unas minorías privilegiadas? En nombre de la eficiencia ¿no estamos también fortaleciendo la inequidad, la marginalidad y la falta de solidaridad? El desarme, expresión conspicua del fin de la guerra fría, ¿avanzará hasta el punto en el que un eventual conflicto mundial futuro ya no signifique la desaparición de la especie humana, o solamente hasta un punto en el que, de todas maneras, los arsenales "residuales" sean más que suficientes como para acabar con la civilización? ¿No llegará el momento en el que el creciente protagonismo de la comunidad internacional, especialmente de las Naciones Unidas, se convierta en un centro de poder omnímodo, una especie de dictadura mundial, guiada por los intereses de sus miembros más influyentes, antes que por principios universales de justicia y equidad? Y hablando de dictadura mundial, ¿no será que ésta, en efecto, echará raíces, pero no ejercida por la comunidad internacional sino por una sola potencia? ¿O quizás dos?

La democracia se basa en la libertad personal y, por lo tanto, en lo que la gente libremente quiere y procura, no en lo que, desde un punto de vista de racionalismo integral, debiera querer y procurar. Surge entonces otra pregunta: ¿podrá la democracia desarrollar y aplicar, de una manera efectiva y no meramente teórica, mecanismos de autorregulación, a fin de controlar el libertinaje y enfilar la sociedad hacia el racionalismo integral?

Todas estas son preguntas que plantea el racionalismo actual, que, como señalé, es parcial y precario. Pero el asunto se torna mucho más escabroso si consideramos lo que debería ser una situación de racionalismo integral, cuya caracterización no me propongo establecer, pero que el inteligente lector puede intuir. Si tomamos como punto de referencia la noción de un racionalismo integral, expresión del ascenso integral del hombre, podemos ver que en muchos otros aspectos de la sociedad estamos, más bien, apartándonos de la senda que conduce al racionalismo, y que la visión optimista de una humanidad caminando hacia el racionalismo, se desdibuja, y es refutada por innumerables pruebas en contrario. Y es que, si el limitado racionalismo actual nos provoca dudas como las señaladas, la contracorriente de irracionalidad en la que está sumido el mundo actual, nos llena de perplejidad y angustia.

El subdesarrollo espiritual generalizado constituye el caldo de cultivo propicio en el que emerge y crece una enorme gama de irracionalidades, tan vasta que faltaría tiempo y espacio para examinarla integralmente. Consideremos sólo tres grandes manifestaciones contemporáneas de irracionalidad: el deterioro de la biosfera, la irracional distribución espacial de la población y la degradación de los valores morales.

Es absolutamente irracional la destrucción de la biosfera. Así como el hombre está destruyendo los hábitat naturales de cientos de miles de especies animales y vegetales, condenándolas a su extinción, parece igualmente empeñado en una demencial carrera hacia la destrucción de su propio hábitat, que no es otro que el mismo del de aquellas, o como dice Rafael de Juan y Peñaloza: "... hay trazas de comportamiento demoníaco en el modo en que el hombre y su técnica han usado y abusado de la naturaleza". Y más irracional aún es el hecho de que, por razones puramente económicas, las actuales actividades de preservación del entorno sean, salvo una que otra excepción, hechos marginales frente al proceso siempre creciente de deterioro ambiental mundial.

La heterogénea distribución espacial de la población es otra gran irracionalidad, generadora de innumerables problemas, y cuya manifestación más destacada es la desmesurada urbanización que, en los países en desarrollo alcanzará dimensiones inconcebibles. Y quizás lo más irracional de todo es lo poco que hacemos por revertir el proceso de distribución irracional de la población.

La degradación de los valores morales es irracional porque corroe las entrañas mismas de toda organización social. Y aquí lo más irracional de todo emerge cuando se analiza el problema desde un punto de vista dinámico. En efecto, resulta tremendamente irracional que, conforme ya lo señalé anteriormente, los actos delictivos violentos del mundo crezcan mucho más aprisa que su población; que no haya procesos educativos, sobre todo dirigidos a las nuevas generaciones, que apunten a mejorar las cosas; que surjan tan pocos paradigmas a seguir; que los medios de comunicación se usen tan profusamente para diseminar el mal; que poco a poco se vaya reconociendo status de legalidad y "normalidad" a más y más formas y prácticas inmorales. Esto último es particularmente patético: ante el creciente nivel de inmoralidad, la sociedad responde relajando sus niveles de tolerancia, vale decir, adecuando pasivamente sus estándares de comportamiento a la creciente degradación.

La degradación no es solo cuantitativa. La violencia se está volviendo cualitativamente diferente. Hoy, por ejemplo, se asesina a inocentes que no tienen ni la más remota relación con el asesino. Hay casos en que se mata simplemente por diversión, por hastío y hasta por "curiosidad", para saber "qué se siente" al asesinar a un ser humano.

A tal punto está llegando la degradación que hoy por hoy, con la mayor hipocresía que uno pueda imaginar, se está poniendo el lenguaje al servicio del mal. Sin la más mínima responsabilidad, se distorsiona el uso de las palabras y se trastocan los valores. La adicción a las drogas es definida como "una condición en la que los consumidores de sustancias están afectados por una enfermedad que han adquirido, aunque no por su culpa". La pedofilia es denominada "intimidad intergeneracional", y quienes la practican ya no son señalados como inmorales sino como personas "que cruzan la frontera"[28]. El

---

[28] Anne Hendershott, "Las Políticas de Desviación"

vandalismo cometido por algunos de los grupos sociales que protestan en las vías públicas, es denominado "plataforma de lucha", dando visos de heroicidad a acciones claramente delincuenciales, que en ocasiones hasta asesinan premeditadamente o causan la muerte de inocentes. "Nuevas formas de comunicación" se denomina ahora al graffiti, que viola los derechos de la gente y degrada el entorno urbano, especialmente cuando es practicado por bandas juveniles que compiten entre sí pintarrajeando cada vez más alto en toda edificación que se les ponga por delante.

La hipocresía de las palabras no solo santifica lo malo, como en los ejemplos mencionados; también sataniza lo bueno. La caridad y la generosidad hacia los más necesitados suelen ser consideradas como actitudes de mera autosatisfacción -no de genuino interés por la situación del prójimo- que solo buscan acallar los gritos de la mala consciencia. Es probable que en algunas personas esas sean sus verdaderas motivaciones, pero no es justo ni razonable incurrir en semejante generalización, que no hace más que enlodar acciones límpidas, inspiradas por un auténtico sentido de solidaridad. El rechazo que expresan los hombres de bien a las costumbres inmorales, es ridiculizado calificándolo como puritanismo pasado de moda, como antigualla de seres que se quedaron anclados en el pasado.

El lenguaje cotidiano está lleno de palabras innecesarias, usadas sólo para fingir erudición o para aparentar originalidad, o por pura pedantería. Palabras de relleno, que nada dicen. Palabras que caen en desuso y son reemplazadas por otras, innecesarias, pues las existentes son suficientes. Desde luego, no me estoy refiriendo a los necesarios neologismos derivados del progreso tecnológico y científico, sino a los cambios espurios, inspirados por el subdesarrollo espiritual.

Así pues, debiera estar claro que no hay ninguna evidencia sólida que demuestre que estamos avanzando hacia el verdadero racionalismo, hacia el racionalismo integral, hacia aquel que se identifica con el ascenso integral del hombre. No hay nada que apoye la idea de que estemos poniendo bajo control nuestra inveterada tendencia al libertinaje. Por el contrario, la mayor parte de las evidencias muestran un curso claro de deterioro moral.

Con todos estos antecedentes, y retomando nuestra pregunta inicial, esto es, ¿a dónde nos lleva nuestra tendencia al libertinaje?, podríamos concluir que quizás lo realmente importante no sea tratar de avizorar a qué niveles de descomposición social nos lleva nuestra tendencia a la libertad personal absoluta -el conocimiento social progresivo nos lo hará saber poco a poco- sino reconocer que, sencillamente, no nos conduce a nada bueno; no nos conduce al bien, sino al mal. Así mismo, reconocer que no podremos cambiar el sentido de las flechas a menos que cambiemos nuestra "viciosa forma de pensar"[29], nuestro yo profundo.

En resumen, el egoísmo-individualismo genera un enorme déficit de amor-decisión, y, en gran medida, de error, en su más amplia acepción. Tal error, a su vez, constituye el mecanismo operativo causante de gran parte de la impedancia social. Toda una cadena de causas y efectos cuyo primer eslabón es el mal uso de nuestra voluntad-libertad.

Lo detestable del error es el sufrimiento, grande o pequeño, que produce. Se puede enmendar el error, pero el sufrimiento que causa -el precio del error- es un hecho irreversible.

Como ente que es, el error existe y es lo que es, independientemente de que el hombre se percate o no de su existencia, de sus características y, sobre todo, de su enorme gama de consecuencias.

El nivel de error social está en aumento, lo cual impide el ascenso integral del hombre. El ascenso del hombre y del error social, son mutuamente excluyentes.

El error tiene una dimensión cualitativa, dada por el grado de imperfección que encierra. También tiene una dimensión cuantitativa, dada por su grado de propagación, tema respecto al cual lo que se observa es que las inducciones en pro del mal se pluralizan más abundantemente que las que apuntan hacia el bien: la pluralización asimétrica. La pluralización asimétrica, además, transmite sus sesgos asimétricos de generación en generación, en una suerte de evolución espiritual negativa.

En el caso del error voluntario -el de más alto nivel de imperfección- su causa visible es la adicción a la libertad absoluta, esto es, al libertinaje, adicción que, a su vez, se explica por el acicate que recibimos de fuerzas malignas, y por el mal uso de nuestra voluntad-libertad. No tenemos forma de saber a qué

---

[29] Emmet Fox, "El Sermón del Monte y la Oración Dominical".

niveles de descomposición moral nos conducirá esa forma especial de error, pero lo que si está meridianamente claro es que no nos conduce a nada bueno y que para revertir el proceso no es suficiente la mera estrategia externa; es necesario cambiar nuestros propios patrones de pensamiento.

CAPITULO IX. ERRORES VOLUNTARIOS E INVOLUNTARIOS

Está claro que el mal uso que hemos hecho de nuestra voluntad-libertad ha dado como resultado que la sociedad incurra en dos importantes y generalizados errores: la estrategia externa y la insuficiencia de amor-decisión. En este contexto lo que ha florecido profusamente es el egoísmo, y con él, el individualismo. El egoísmo nos ha conducido a una pluralización asimétrica de las inducciones espirituales, esto es, a una pluralización sesgada hacia el mal, así como a nuevos y más específicos errores, volitivos y no volitivos, sobre los que voy a profundizar un poco más ahora.

Los errores involuntarios. La gama de errores involuntarios -o meras equivocaciones- es decir, de aquellos que se cometen sin intención expresa de incurrir en ellos, es inmensa. Desde el punto de vista de su importancia, tienen, así mismo, una escala amplísima. Desde las equivocaciones cuyos efectos revisten muy poca o ninguna importancia, hasta aquellas otras que pueden provocar verdaderas catástrofes: desde el error al marcar un número telefónico hasta el de interpretar una imagen sin importancia en el radar como un ataque nuclear. Errores por descuido en el diseño y cálculo estructural de infinidad de construcciones e ingenios creados por el hombre son causa de los más variados efectos, desde los poco nocivos hasta las tragedias a gran escala.

Muy a menudo la nocividad que realmente tiene el error involuntario no se hace evidente fácilmente. Un ejemplo de esto es el error de frivolidad. Este es un tipo de error que no parece serlo, pero lo es, y en gran medida; sus efectos parecen insignificantes, pero sólo en apariencia. Su efecto fundamental no es insignificante, pues acostumbra a la mente humana a la banalidad, a la superficialidad. A su vez, la masiva diseminación de este error, por efecto de la pluralización asimétrica, lo transforma en un gran error social.

Todo error involuntario implica falta de conocimiento de la realidad. Continuar con el baile y la diversión en cubierta después del impacto que sufrió el Titanic fue un grave error de frivolidad que implicaba desconocimiento de las consecuencias de esa actitud. Por eso es correcta la afirmación cartesiana de que la falta de conocimiento es causa del error involuntario.

Sin embargo, no es correcto suponer que la falta de conocimiento sea la única causa del error involuntario. En el caso de los errores por descuido, el egoísmo es una importantísima causa, pues en muchos casos es debido a él, a la preocupación excesivamente sesgada hacia el interés personal, que se descuidan las obligaciones hacia el prójimo y se incurre en muchos errores involuntarios, o equivocaciones, que lo perjudican.

El egoísmo, entonces, juega un papel muy importante en el cometimiento del error involuntario. Cada vez que prestamos poca atención a las cosas atingentes a nuestros semejantes, estamos creando las circunstancias propicias para incurrir en este tipo de error. El egoísmo, que es el que nos induce a no preocuparnos suficientemente por las cosas de nuestro prójimo, es un causante conspicuo de muchos errores involuntarios. Y como todo error se paga, siempre habrá alguien que sufra las consecuencias de nuestro error. Desde luego, nosotros mismos también somos víctimas de nuestros propios errores, pero esto no invalida el papel del egoísmo en el cometimiento de aquellos errores involuntarios que afectan a terceros.

Cuántos accidentes fatales -y hasta catastróficos- se podrían evitar con sólo la buena costumbre de cumplir responsablemente con nuestro deber, de hacer bien la tarea que nos ha sido asignada, dejando de lado nuestra indolencia y el egoísmo que la origina. Y cuántas otras cosas indeseables, de gran importancia unas, de menor importancia ótras, también nos podríamos evitar con solo practicar esa buena costumbre. Nunca apreciaremos suficientemente cuánto nos beneficiamos todos de una actitud noble, de dedicación, que practiquemos espontáneamente, cuando nadie nos obliga, cuando nadie nos vigila, cuando a solas con nuestra consciencia decidimos hacer o no hacer; hacer bien o hacer a medias, lo que legítimamente tenemos que hacer.

El egoísmo y su efecto inmediato, el individualismo, echaron raíces en todos los conglomerados humanos de todos los tiempos y, consecuentemente este tipo de error se generalizó. He ahí la importancia del egoísmo como generador de muchos errores involuntarios, a más de la falta de conocimiento de la realidad.

Los sistemas políticos basados en la idea de la socialización, jamás lograron reducir la carga de egoísmo de las personas. Es que tales sistemas no eran más que otras tantas expresiones de la estrategia externa que, como hemos dicho, no ha logrado modificar para el bien el yo interno de la gente. El burócrata de un sistema político de éstos -para ejemplificar el asunto- fue tanto o más egoísta que cualquier agente económico del sistema capitalista; le interesaba por sobre todas las cosas su propia situación y sólo marginalmente la de la sociedad a la que supuestamente servía.

Por otra parte, la pluralización asimétrica de las inducciones espirituales también tiene mucho que ver con el surgimiento de aquellos errores involuntarios que afectan a terceros. En efecto, las inducciones que apuntan hacia el egoísmo se pluralizan más abundantemente que las que se inspiran en la solidaridad; consecuentemente, la posibilidad de que la sociedad aumente más y más los errores involuntarios que afectan a terceros es mayor que la de que los reduzca. Dicho en otras palabras, sin una reducción de la carga de egoísmo individual, no hay posibilidad de reducir significativamente los errores involuntarios que afectan a terceros y, por lo tanto, tampoco el sufrimiento que ellos causan. Otro aspecto de cómo el subdesarrollo espiritual individual impide el ascenso integral de la sociedad.

Los errores voluntarios. En este punto estamos hablando de todas aquellas malas acciones que el hombre comete consciente de que lo que hace es malo; que causa daño y sufrimiento a otros[30]. Aquí no estamos hablando de meras equivocaciones, sino del mal en toda su extensión; del pecado en su acepción general. Otra vez, la gama de errores voluntarios es inmensa, como también inmensamente variada es su importancia. Aquí caben tanto el hurto cometido por un ladronzuelo de barrio, como la hecatombe social que desencadena un tirano sediento de poder.

Aquí el egoísmo juega un papel protagónico casi siempre, pues es el egoísmo el que, casi siempre, induce al ser humano a obrar en contra de sus semejantes. Egoísmo que busca riqueza, egoísmo que busca poder, egoísmo que busca notoriedad, egoísmo que busca placer; aquí caben todos los egoísmos, pues todos ellos inducen al ser humano a hacer daño a su hermano, si con ello satisface sus propias apetencias egoístas.

Y la pluralización asimétrica de las inducciones espirituales también juega un papel protagónico en este tipo de error. En efecto, aquellas inducciones que buscan satisfacer las apetencias personales a cualquier precio, aún a costa del sufrimiento ajeno, proliferan mucho más que aquellas otras que respetan el

---

[30] Recuérdese la acepción amplia que estoy dando a la palabra error.

derecho de los demás, que se detienen ante la posibilidad de causar sufrimiento a terceros.

Este tipo de error pone en evidencia una vez más, que sin desarrollo espiritual personal es imposible el ascenso integral del hombre, pues habiendo niveles crecientes de egoísmo y de pluralización asimétrica, como los hay en el mundo de hoy, también habrán crecientes niveles de este tipo de error.

Errores voluntarios de consenso. Hay un tipo de error voluntario particularmente grave. Se trata de acciones erradas en las que incurren muchos, a sabiendas de que a alguien perjudican, no obstante lo cual las realizan, porque existe una suerte de consenso (o también podríamos decir de compulsión) social para obrar en tal sentido.

En este tipo de error, la pluralización asimétrica es consubstancial a él, alcanzando su más alta expresión. En realidad, aquí el mal alcanza una suerte de "legitimidad" social que hace que todos lo practiquen sin grandes cargos de consciencia. Es como si creyésemos que si el mal lo practica una persona aislada, es repudiable, pero si lo practican todos, entonces se vuelve normal y hasta honorable. En esta forma, más y más conductas que antes se consideraban abominables, van adquiriendo cariz de normalidad y legitimidad. Antes se condenaba el aborto, hoy se lo tolera pues se lo considera como un derecho de la mujer. Antes se repudiaba el desnudismo lascivo, hoy se lo tolera bajo el pretexto de que lo que hace es mostrar la belleza del cuerpo humano. La violencia y el sexo ilícito eran rechazados, hoy se tolera que las películas y la televisión los promuevan, bajo el pretexto de la libertad de expresión. Antes abogábamos por una música límpida e inspiradora, hoy se graba música satánica que promueve las drogas y la violencia. Antes no existía el ciberespacio, hoy que lo hemos descubierto, lo hemos llenado de vulgaridad y obscenidad. Antes repudiábamos el homosexualismo y el lesbianismo, por considerarlos prácticas asquerosas y antinatura, hoy no solo que se las tolera sino que, a título de respeto a los derechos humanos, se las considera legales, incluso con derecho a que las parejas de igual sexo adopten y críen hijos. Todos estos son errores repudiables, no obstante lo cual la sociedad se ha acostumbrado a ellos al punto de considerarlos manifestaciones normales y legítimas.

Los errores de consenso también abundan en el campo económico. Más adelante consideraremos, a modo de ejemplos, dos de los casos más notables que se dan en este ámbito.

En el mundo contemporáneo está surgiendo y creciendo rápidamente un nuevo error de consenso especialmente abominable: la manipulación de los inocentes. En el capítulo anterior, al analizar la dimensión cualitativa del error, señalé que existen ciertas conductas erradas, que aunque parecen heterogéneas, en realidad corresponden a un mismo tipo de error. Se trata, dije, de aquellas conductas que se basan en la idea de hacer sufrir a inocentes con el objeto de conseguir algo de un tercero. Ahora bien, estas conductas poco a poco van haciéndose más frecuentes e incursionando en nuevos campos del convivir social, y amenazan convertirse en un nuevo y terrible error de consenso, esto es, en un error aceptado y practicado por todos o casi todos. El egoísmo, personal o de grupo, es su explicación última, y la pluralización asimétrica lo propaga cada vez con más fuerza.

Como lo señalé, acciones aparentemente tan diferentes, como el secuestro de un ser humano y el lanzamiento de las bombas atómicas durante la segunda guerra mundial, tienen, sin embargo, un denominador común: el causar sufrimiento a inocentes con el objeto de obligar a un tercero a actuar de una determinada manera. Todos los actos terroristas imaginables se basan en el mismo principio: manipular inocentes con el objeto de obligar a un tercero a hacer, o no hacer, algo.

Para quien lo practica, persona individual o grupo, los seres humanos que manipula no valen nada; son solo fichas en el tablero de sus intereses. Para él, los derechos de los perjudicados no existen, o si existen, son despreciables frente a sus sobrevalorados propios intereses. Y en el colmo del cinismo, los terroristas, con sus manos aún manchadas de sangre, aseveran que "no hay víctimas inocentes".

Lo grave de esta conducta es que quienes la practican están convencidos de que así deben actuar; sus dichos revelan una intención clara de legitimarla ante la sociedad. Lo más grave de todo es que la pluralización asimétrica va haciéndose cada vez más fuerte en el campo de este abominable error. La idea de que es legítimo hacer sufrir a inocentes, y que éstos no son tales, con el objeto de alcanzar determinados objetivos, se propaga más y más, y en la medida que así lo hace, va desplazando a la idea de que hay que respetar los derechos de los demás. En el mundo actual la manipulación de los inocentes se ha extendido tanto, que va camino de convertirse en un nuevo y abominable error de consenso.

Es que ya no se trata de un error practicado solamente por grupos terroristas; nada de eso, se trata de un error que empieza a ser practicado por muchos grupos sociales y hasta por personas individuales en los más variados campos del convivir social; y siempre basado en sobrevalorados intereses personales o de grupo y en un absoluto desprecio por los derechos de los demás. Hacer sufrir a inocentes para conseguir determinados fines también es práctica de secuestradores individuales o grupales. También de estamentos sociales no terroristas, como aquellos que paralizan servicios públicos vitales, para hacer sufrir a inocentes, incluso, hasta causarles la muerte.

Efectos especiales de los errores voluntarios. Todos los errores, voluntarios o no, tienen efectos impeditivos para el ascenso integral del hombre. Uno de estos efectos lo constituyen los numerosos controles a los que se ve forzada la sociedad ante la proliferación de los errores voluntarios, y amerita una especial consideración.

La sociedad se ve obligada a ejercer controles que tienen por objeto evitar los efectos nocivos de los errores voluntarios, pero al así hacerlo restringe la libertad, entraba el desarrollo de las actividades legítimas y crea las condiciones para el surgimiento de más errores. Como nadie cree en las buenas intenciones del prójimo, la desconfianza ha sentado sus reales en la sociedad moderna, y eso conduce a nuevas restricciones y controles. La barbarie del 11 de septiembre de 2001 ha obligado a multiplicar controles y restricciones en todo el mundo, al punto que hoy ya se habla de la necesidad de una "vigilancia total", una iniciativa que consiste en reunir información de todo ser humano del que se disponga de alguna, y encargar su procesamiento a un supercomputador, de modo de contar con una descomunal base de datos que ayude a ejercer control sobre todos los habitantes del planeta. Menos privacidad pero más seguridad parece ser el lema de este proyecto.

Desde luego, el establecimiento de más y más controles y restricciones tiene lugar no solo para prevenir actos de barbarie como los del terrorismo. La vida común de todos los días se ve entorpecida por cada vez más controles y restricciones, debido a los errores de todo tipo cometidos cada vez con más frecuencia. La mentira, el fraude, la corrupción, el libertinaje, en fin, el subdesarrollo espiritual individual, obligan a un creciente control social que nos llena de nuevas regulaciones que entorpecen las actividades legítimas. Lo malo obliga a castigar lo bueno.

La regulación, a su vez, es un arbitrio que, dado el subdesarrollo espiritual individual, favorece el florecimiento de más errores. Cada vez que hay que acudir a una autoridad del poder público para obtener un permiso para hacer algo, ronda la corrupción. Algunos lectores recordarán la investigación realizada por Hernando de Soto respecto a los formularios y autorizaciones que había que llenar y obtener para establecer una pequeña empresa en el Perú, cuyos resultados, expuestos en un famoso libro[31], fueron realmente sorprendentes: un rollo de papel de más de diez metros de largo, conteniendo todos esos formularios y autorizaciones; aproximadamente un año de trámites; alrededor de mil dólares de gastos; y, lo que es peor, la imposibilidad de culminar el trámite exclusivamente por los canales legales: inexorablemente había que pagar coimas a los funcionarios corruptos; sin pago de coimas no había posibilidad de que pueda continuar el tramite para así obtener la indispensable autorización. La regulación contribuyendo al florecimiento de más errores. La regulación convertida en caldo de cultivo para la corrupción.

A su vez, como el error voluntario va en aumento -pues, como veremos, hay una base-mal que es creciente- en aumento también van la pérdida de la libertad y el entrabamiento de las actividades legítimas. Nuevos errores aparecen todos los días. La creatividad humana parece no tener límites en cuanto a idear nuevas formas de practicar el mal.

En resumen, el egoísmo desempeña, casi siempre, un papel protagónico en el cometimiento de todo tipo de error. Por su parte, la pluralización asimétrica está presente tanto en el error voluntario como en el que no lo es. En ciertos casos la pluralización asimétrica se extiende tanto, que da lugar al surgimiento de un tipo de error voluntario particularmente grave: el error de consenso. Los dos tipos de errores, voluntarios e involuntarios, constituyen una clara evidencia de que sin un desarrollo espiritual personal, es imposible el ascenso integral del hombre.

---

[31] Hernando de Soto, "El Otro Sendero".

CAPITULO X. EL SUBDESARROLLO ESPIRITUAL INDIVIDUAL Y LO ECONÓMICO.

Mecanismos que frustran el desarrollo integral: una visión de conjunto. Fuimos creados con atributos de voluntad y de libertad, como para poder elegir entre el bien y el mal. Pero a la hora de elegir entre el bien y el mal, a menudo hacemos mal uso de nuestra voluntad-libertad. Ello se debe al mal uso de nuestra voluntad-libertad, a la contaminación de pecado proveniente de la primera elección errada, la de la primera pareja o grupo humano, y al azuzamiento de que somos objeto desde dentro y desde afuera de nuestro yo.

El mal uso de nuestra voluntad-libertad nos ha conducido al cometimiento de toda suerte de errores. El egoísmo-individualismo; el déficit en la construcción de amor-decisión; la pobre herencia moral transmitida de padres a hijos; el pensamiento relativista; y, sobre todo, ese vano intento que es la estrategia externa, son los errores más comunes que, individual y colectivamente, hemos cometido y que han devenido en verdaderos mecanismos de frustración del desarrollo social integral.

Pero es la pluralización asimétrica, ese mecanismo que opera sobre una base-mal creciente, como lo veremos más adelante, el que se encarga de diseminar más abundantemente el mal -el error- que el bien. Esa combinación perversa de errores, por una parte, y de un eficiente mecanismo de propagación, por otra, constituyen una formidable impedancia al desarrollo integral de la sociedad. La impedancia, entonces, está formada por todo tipo de errores, propagados a través del cuerpo social por la pluralización asimétrica; todo lo cual determina que permanezcamos sumidos en el más ominoso subdesarrollo *espiritual*.

Lo económico. He resaltado *espiritual* porque hasta aquí el centro de mis preocupaciones ha sido básicamente lo moral. Pero ahora debemos plantearnos una cuestión diferente.

Flota en el ambiente de las sociedades modernas la idea más o menos velada de que podría no importar mucho el subdesarrollo espiritual individual a los efectos de que la sociedad pueda alcanzar una situación de bienestar material generalizado. Parece formar parte de la estructura mental de mucha gente la idea de que el subdesarrollo espiritual individual no es un obstáculo serio para el desarrollo material generalizado. ¿Qué tan correcta es esta percepción? ¿Podemos aspirar a tener una sociedad planetaria materialmente próspera, aunque salpicada aquí y allá de no pocos pecadillos morales? ¿Es correcta la visión de Fukuyama en el sentido de que la dupla economía de mercado-democracia sólo tiene algunos problemas menores, solucionables, pero que asegura el mayor bienestar material para todos? ¿Es preferible poder ir a llenar nuestras canastas en el supermercado aunque corramos el riesgo de perder la vida en un asalto a la salida, a no poder hacerlo?

Como podrá apreciar el lector, nos estamos adentrando ahora en un mundo que desde hace mucho tiempo viene teniendo enorme importancia para la sociedad humana y ocupa cada vez más la atención de la gente: el mundo de lo económico.

El subdesarrollo espiritual y los sistemas económicos. Abordemos estas cuestiones desde varios puntos de vista, el primero de ellos, el de la relación que pueda haber entre el subdesarrollo espiritual y el sistema económico como tal.

En mi opinión, la falta de desarrollo espiritual individual, y debido a ello, la falta de solidaridad, ha sido la causa, la verdadera gran causa, de las fallas de todos los sistemas económicos que ha ensayado la sociedad, incluyendo los más recientes: la economía centralmente planificada y la economía de mercado. Buscar las causas en aspectos puramente operativos de esos sistemas, es negarnos la posibilidad de entender las cosas en su realidad profunda; es renunciar a avanzar en el conocimiento progresivo de la sociedad. El subdesarrollo espiritual individual, ese ha sido el gran problema.

Es que las actitudes individuales tienen una incidencia decisiva en el desempeño de cualquier sistema económico. Hay una estrecha relación, para bien o para mal, entre los niveles micro y macro, en el sentido de que un esperado desempeño en el nivel macro exige ciertas actitudes en el nivel micro, y si éstas últimas no se dan, todo el sistema funciona de una manera distinta a cómo lo tenía previsto la ideología del sistema.

Si bien se mira, los dos sistemas últimamente nombrados podrían funcionar satisfactoriamente si hubiera un alto nivel de desarrollo espiritual individual. La economía centralmente planificada funcionaría con la precisión, el orden y la eficiencia con que pueden funcionar los esquemas sistémicos, y, sobre todo, con equidad. La economía de mercado incorporaría elementos de solidaridad que resolverían sus sesgos sociales excluyentes, generadores de desempleo y de pobreza, al tiempo que la acción pública corregiría las fallas que son consubstanciales a la economía de mercado. Pero como no ha habido el nivel de desarrollo espiritual individual requerido, el primer sistema fracasó rotundamente, y del segundo lo mejor que podríamos decir, es que quizás sea el menos malo.

En condiciones de subdesarrollo espiritual individual, la economía centralmente planificada es altamente insatisfactoria, debido, entre otras cosas, a que quienes detentan los niveles de poder no tienen interés genuino en los asuntos bajo su responsabilidad; sus fallas burocráticas son probablemente más perjudiciales a la sociedad, que las que tiene la burocracia bajo régimen democrático[32]. A todo ello se suma el hecho de que quienes detentan el poder socialista no son inmunes a la corrupción. La corrupción no es "patrimonio" exclusivo de ningún sistema social, sino falla de todos. Fue un error, un gran error, creer que quienes detentasen el poder socialista podrían ser intrínsecamente mejores que el común de la gente y por lo tanto podrían ser sus guías idóneos, o que quienes tuviesen que cumplir las metas económicas centralmente establecidas, tendrían motivaciones superiores a las de los actores económicos de una economía de mercado. Nada de eso; en ausencia de desarrollo espiritual individual, todos tenemos un gran potencial para practicar el mal; el sistema social (estrategia externa al fin y al cabo) por sí solo, no nos hace mejores.

---

[32] En 1970, mucho antes de la Perestroika y la Glasnost, en carta dirigida a Brezhnev, Andrei Sakharov decìa: "Cuando comparamos nuestra economía con la de Estados Unidos, nos percatamos que la nuestra se ha quedado a la zaga, no solo en lo cuantitativo, sino también, y esto es lo más triste de todo, en su aspecto cualitativo. Cuanto más se piense en términos de lo moderno y revolucionario de una economía, mayor es la brecha que existe entre los Estados Unidos y nosotros... Nos hemos retrasado sin esperanza en la química y estamos infinitamente atrasados en la tecnología de las computadoras. Este último dato es muy importante, porque la introducción de las computadoras en la economía nacional es de importancia decisiva para cambiar fundamentalmente toda la faz del sistema de producción y toda la cultura".(Carta citada por Carlos Palacios Sàenz, mi padre, en su "Manual de Ingeniería Política", 1980).

En la economía de mercado hay un gran potencial de creatividad, estimulado por la promesa de gratificaciones materiales y de poder, que ofrece el sistema. Pero, al mismo tiempo, el sistema tiene fuerzas socialmente excluyentes que se oponen a que la *totalidad* de las necesidades de la *totalidad* de los individuos que conforman una sociedad (lo que en el apéndice anterior denominé "Necesidad Social"), sean satisfechas, al tiempo que tienden a que las necesidades de una minoría sean sobresatisfechas. Es decir, tales fuerzas tienden a no incorporar a una situación de bienestar a mucha gente, mientras gratifica en exceso a unos pocos. Y es que en la economía de mercado la solidaridad no es pieza clave de su funcionamiento, sino cosas mucho más frías y prosaicas.

En la actualidad, la economía se está globalizando a pasos acelerados. La atención se ha concentrado en el libre comercio y las perspectivas apuntan a que en un futuro no lejano todo el planeta sea como un solo país, en cuanto a no tener barreras al comercio; como una zona mundial de libre comercio. En una economía mundial de estas características -y al mismo tiempo inmersa en un generalizado y creciente subdesarrollo espiritual- la libre competencia se vuelve más encarnizada; los contendientes económicos no se detienen ante barreras morales, sociales o ecológicas; se practica intensa y extensamente el "todo vale"; la riqueza se concentra aún más; las fuerzas excluyentes se vuelven más poderosas; la solidaridad tiene menos posibilidades de prosperar; y, las diferencias sociales se agrandan. Y estos efectos se presentan no solo entre los individuos que conforman una sociedad nacional, sino también entre las naciones del mundo.

Ahora bien, si el subdesarrollo espiritual individual es el motivo último del fracaso de la economía centralmente planificada y de las grandes y crecientes fallas de la economía de mercado, y si ese subdesarrollo, lejos de disminuir, está en aumento, ¿cuál puede ser el futuro de los sistemas económicos? No pretendo en este punto fungir de futurólogo; sólo quiero señalar la dirección en la que, en mi opinión, se está moviendo el sistema económico mundial.

Una forma resumida de expresar la dirección en que se mueve la economía globalizada, es decir que un sistema económico así, tan carente de solidaridad entre individuos y naciones, tiene un futuro incierto; resulta aventurado tratar de avizorar su futuro, de modo que la única certeza que podemos tener es la de que será lo que será.

La economía globalizada exacerba la competencia, lo cual puede ser bueno desde el punto de vista del consumidor, pero no desde el punto de vista del empleo[33]. También exacerba la búsqueda de la eficiencia, lo cual induce a las empresas a reclutar el menor número posible de trabajadores. El aumento de la eficiencia conduce al desarrollo de las fuerzas productivas, sí, pero con un alto nivel de desempleo. Alienta las fusiones y las megafusiones empresariales; acrecienta la concentración del poder y la riqueza; agranda las diferencias sociales y con ello el resentimiento social. El poder transnacional resulta altamente fortalecido.

La competencia y su relación con la solidaridad constituye un tema de especial importancia. La competencia, en todos los ámbitos de la vida social es buena; obliga a hacer mejor las cosas; es el antídoto a la indolencia. Empero, ¿es conveniente llevarla a grados extremos? No lo es, pues llevada a esos límites sofoca la solidaridad, y en tal caso, en nombre de la competencia y la eficiencia, se olvida al prójimo. No conviene, entonces, una situación de competitividad en la que la solidaridad quede anulada.

Pero tampoco conviene una situación a la inversa e igualmente extrema: una situación en la que, en nombre de la solidaridad se prohíje la indolencia y con ello la inmoralidad, el abuso y la sinvergüencería. En realidad, una situación de sobresolidaridad, *en el actual estado de subdesarrollo espiritual*, no solo que es inconveniente sino que, sencillamente, no sería de solidaridad sino de concupiscencia. Desde luego, en un estado de desarrollo espiritual, la sobresolidaridad no sería un problema, pues nadie abusaría de ella.

En consecuencia, y siempre en referencia al actual estado de subdesarrollo espiritual individual, lo conveniente es el justo medio. Tal vez lo más importante no sea caracterizar teóricamente dónde está ubicado el justo medio; es tarea de cada sociedad ubicarlo, identificarlo, desde un punto de vista práctico y operativo. Lo que la sociedad necesita es reconocer su importancia, así como la inconveniencia de caer en los extremos.

---

[33] A nivel mundial, sólo un 10% de la población económicamente activa cuenta con un empleo estable; el resto está en la desocupación abierta o en la subocupación (OIT, 1999).

Ahora bien, la sociedad contemporánea, fascinada y seducida por la competitividad, la modernidad y el eficientismo, no se ha fijado como meta el justo medio, sino uno de los extremos: el de la competencia y la eficiencia, per-sé. Las preocupaciones por la solidaridad parecen cada vez más tenues, más enrarecidas, más lejanas. En estas circunstancias, ¿qué nos depara el futuro?

Las fallas propias de esta nueva situación, particularmente sus fallas socialmente excluyentes, dejan justificadas dudas sobre el futuro. Quizás en el futuro parezca haber paz y seguridad, pero en el contexto de una sociedad aún más dual que en la actualidad: minorías aún más ricas y poderosas junto a mayorías aún más pobres y débiles. Naciones aún más ricas, naciones aún más pobres. Toda una bomba de tiempo. Quizás estemos construyendo una nueva sociedad, más eficiente, pero erigida sobre terreno minado; un gigante con pies de barro. Quizás los problemas de la economía de mercado, globalizada, se vuelvan tan difíciles de manejar, que algunas sociedades opten por volver a la economía centralmente planificada, repitiéndose así la Historia y desmintiendo su pretendida finalización.

Así pues, y desde el punto de vista del funcionamiento del sistema económico en su conjunto, sería muy aventurado decir que el subdesarrollo espiritual no es un obstáculo para el bienestar material de la sociedad en su conjunto; quizás no lo sea para el bienestar de unos pocos, pero es muy difícil decir lo mismo cuando se considera el bienestar de todos.

El subdesarrollo espiritual individual y el desarrollo tecnológico. Descendamos ahora del nivel del sistema económico en su conjunto y veamos la cuestión desde puntos de vista más específicos. Por ejemplo, ¿hay alguna relación entre el subdesarrollo espiritual -moral- individual y el progreso tecnológico?

Dijimos que hay un tipo de error social particularmente grave: el error de consenso, un tipo de error en el que incurren muchos, y en el cual la pluralización asimétrica alcanza su más alta expresión. Veamos un error de consenso relacionado con la innovación tecnológica y el empleo, de cuyo análisis se podrá ver que el subdesarrollo espiritual individual sí tiene que ver, y mucho, con la imposibilidad de alcanzar el desarrollo material para la sociedad en su conjunto.

¿Qué efectos tiene, en el largo plazo y a nivel planetario, la innovación tecnológica sobre el nivel general de empleo? Ejerce presiones expansivas y contractivas sobre dicho nivel. Expansivas, como el reclutamiento de nuevos trabajadores que, en ciertas circunstancias, es requerido por la innovación; contractivas, debidas al despido de trabajadores o a la no generación de nuevos puestos de trabajo que también suele producir la innovación tecnológica. Los dos grupos de presiones, empero, son de carácter dinámico: las expansivas tienden a debilitarse con el tiempo, y las contractivas a fortalecerse, todo lo cual determina que, en el largo plazo, la presión resultante global derivada del progreso técnico, sea de signo contractivo del nivel general de empleo.

La presión resultante global y de largo plazo, adversa al empleo, tiende a ser encubierta por la acción de otros factores, que más bien lo favorecen, como es el caso de las nuevas oportunidades de inversión que genera el adelanto técnico; y como es también el consumismo, el mismo que, desde luego, tiene un alto costo social: el permanente deterioro del entorno.

El denominador común de muchas innovaciones tecnológicas es la constante búsqueda de la eficiencia y del ahorro de mano de obra. ¿A qué se debe esta permanente búsqueda? En la superficie de la cuestión está la creciente eficiencia de los cambios técnicos, que los convierte en tentadoras alternativas al uso del factor trabajo, así como la presión de las organizaciones de trabajadores para mejorar su participación en el excedente económico. En el centro de la cuestión, empero, está el egoísmo humano -primario en unos casos y derivado de la competencia en otros- que induce al empresario a usar la alternativa que más eficiencia le proporcione, inducción que, a su vez, es fuertemente acicateada por la competencia entre empresas[34].

Ahora bien, a pesar de que la innovación tecnológica tiene esa tendencia global y de largo plazo, adversa al empleo, todos están de acuerdo en hacer uso de ella en forma intensa, generalizada y creciente. El ahorrar factor trabajo, a menudo sustituyéndolo con automatismos, con el objeto de

---

[34] Todo lo relativo al asunto de cómo la innovación tecnológica afecta al nivel general de empleo, fue ampliamente examinada en mi obra anteriormente citada ("Necesidad Social y Economía Política Profunda"). Los conceptos que en esta ocasión expreso, son las conclusiones a las que arribé en dicho análisis.

aumentar la eficiencia, sin tener en cuenta los efectos sociales que ello acarrea, es un error de consenso, no solamente por consideraciones sociales y morales, sino también por razones inherentes al propio funcionamiento del sistema económico, pues tiende a malograr esa fuerza de sustentación que es indispensable a toda economía de mercado: la demanda efectiva, esto es, aquella demanda que se manifiesta en el mercado en forma concreta y real, a través de los medios de pago.

Por otra parte, en estos años está en pleno desarrollo la globalización, esto es, un proceso que apunta a convertir a todo el planeta en una sociedad altamente interrelacionada, en todos los órdenes imaginables. Pero he aquí que la globalización se la ha acometido en circunstancias en que la especie humana no está espiritualmente preparada para ella. La globalización, en condiciones de subdesarrollo espiritual, conduce a grandes errores de consenso que, en otras condiciones, no se producirían, o se producirían en muy bajo nivel.

El proceso lo globaliza todo, "lo bueno, lo malo y lo feo". El aumento de la eficiencia en todos los órdenes es el señuelo del que se valen quienes la propugnan. Pero es evidente que se trata de un proceso carente de solidaridad y de amor-decisión; y, sencillamente, no es razonable pensar que una carencia así, a nivel planetario, sea irrelevante para el futuro de la humanidad. Algún efecto habrá de tener. ¿Cuál?

En lo que al empleo concierne, el efecto no puede ser otro que el de potenciar la presión resultante global y de largo plazo, adversa al empleo, que tiene la innovación tecnológica. De hecho eso es lo que ya está ocurriendo: todos los días los medios de comunicación informan sobre reducciones de personal que ocurren en todas partes del mundo, por ejemplo, cuando ocurren fusiones empresariales. En cambio, nadie informa en el sentido de que el desempleo, *a nivel planetario*, esté disminuyendo. En ciertos países el desempleo se mantiene a niveles bajos, pero la economía mundial globalizada es un sistema de vasos comunicantes, de modo que lo que interesa, a los efectos de una visión de conjunto, es lo que esté ocurriendo con este problema social, a nivel planetario. A juzgar por los datos fraccionados que se reciben todos los días, parece que, más bien, nos encaminamos hacia un desarrollo con alto desempleo; hacia una sociedad planetaria con un carácter dual aún más marcado que en la actualidad: una sociedad en la que hay una minoría con altos estándares de vida, junto a grandes mayorías confinadas a la pobreza y a la miseria.

He ahí, entonces, un claro ejemplo de error de consenso: la búsqueda de la eficiencia a como dé lugar; como un fin en sí mismo, sin considerar seriamente las consecuencias sociales que ello entraña, e incluso, a sabiendas de los efectos que implica. Es como si la construcción de la eficiencia se la hiciese en una especie de vacío social; es como un alzarse de hombros frente a los efectos sociales de esa frenética búsqueda de la eficiencia. ¿Y cuál la causa de este error generalizado? El egoísmo, original e inducido, individual y colectivo; la falta de solidaridad y de amor-decisión, en suma, el subdesarrollo espiritual individual.

La parte operativa de este error de consenso es muy relevante, en cuanto a que es en lo operacional donde funciona la pluralización asimétrica. Lo que ocurre en cualquier sociedad basada en el liberalismo económico, es que todas las unidades de producción de bienes y servicios se ven compelidas a un permanente mejoramiento de sus niveles de eficiencia y competitividad, y con ello, a una también permanente austeridad en cuanto a la contratación de trabajadores. Los que actúan austeramente en cuanto a contratación de trabajadores, son todos o casi todos; nadie o casi nadie actúa en forma diferente; en eso consiste la pluralización asimétrica en este caso. Es un problema estructural y generalizado, debido a que nuestro actual subdesarrollo espiritual no nos permite actuar de otra manera.

Así pues, en el caso expuesto, la pluralización asimétrica se erige como un impedimento formidable al desarrollo integral de la sociedad, pues ¿cómo aspirar a mayores niveles de empleo, a nivel planetario, si la inmensa mayoría de los que lo crean, actúan -o se ven compelidos a actuar- cicateramente en cuanto a crear nuevas fuentes de empleo? Mientras exista el actual subdesarrollo espiritual generalizado, tal impedimento seguirá existiendo. Tal vez el mundo del futuro vea surgir una corriente de opinión y de presión con miras a reducir la duración media de la jornada diaria de trabajo en todo el mundo, con el objeto de contrarrestar la tendencia al ahorro de mano de obra y a difundir más equitativamente los beneficios del progreso, pero mientras eso no ocurra, la tendencia seguirá siendo un gran obstáculo al desarrollo integral del ser sociedad. La tendencia actual es, más bien, a *aumentar* la duración de la jornada diaria de trabajo, empujada por las necesidades que sienten las empresas de ser eficientes y competitivas.

El subdesarrollo espiritual individual y el componente espurio de la inflación. Tema económico de tanta importancia, como es el de la inflación, me da la oportunidad de considerar otro error de consenso que, en el fondo, se origina en el subdesarrollo espiritual individual.

Existen tres grandes grupos de presiones inflacionarias, referidos: al estado de la oferta y la demanda; al empuje de los costos; y, a los criterios subjetivos de los agentes económicos. Se trata de grupos de naturaleza distinta, dentro de los cuales quedan comprendidos todos los tipos de presiones inflacionarias imaginables.

En el primer caso, la oferta no llega a ser suficiente para atender la demanda efectiva, lo cual origina el surgimiento de presiones inflacionarias. En el segundo, cualquier aumento en los costos que las empresas estén en capacidad de trasladar a sus precios de venta, también genera presiones inflacionarias. En el tercero, las presiones inflacionarias se originan en la actitud subjetiva de los agentes económicos, la misma que es de naturaleza diferente a la de los eventos económicos a los que suele ir asociada.

En el tercer grupo hay dos clases de actitudes subjetivas que se diferencian entre sí por la motivación que las genera: una actitud de defensa ante las incertidumbres del futuro, que obliga a los actores económicos a adoptar medidas cautelares, las mismas que, sin embargo, empujan aún más los precios hacia arriba (el efecto es perverso pero la motivación no); y, una actitud motivada por un deseo de *"aprovechar la ocasión"* para obtener ingresos mayores a los que normalmente se podrían obtener, lo cual también empuja hacia arriba los precios (aquí tanto la motivación como los efectos son perversos).

La anterior clasificación de las presiones inflacionarias, sin embargo, no es suficiente para una cabal comprensión del fenómeno. Factores tales como el estado de la oferta y la demanda y el empuje de los costos, son solo explicaciones operacionales y por lo mismo superficiales. Si nos adentramos más profundamente en el análisis, veremos que la inflación es, fundamentalmente, un problema de carácter moral. Para entender esto partamos del hecho de que, en el fondo, sólo hay dos clases de presiones inflacionarias: genuinas y espurias, que muy a menudo se encuentran entremezcladas y que subyacen en cada uno de los grupos antes mencionados.

En el desfase entre oferta y demanda de un determinado producto se pueden presentar las presiones genuinas, las espurias o ambas. La acumulación es uno de los mecanismos económicos fundamentales a través del cual la oferta responde a una demanda insatisfecha. Sin embargo, el desfase podría no requerir una mayor y más rápida acumulación, como por ejemplo, cuando hay capacidad productiva ociosa suficiente, o requiriéndola, ser adecuadamente atendida gracias a la existencia de un amplio margen de utilidad; en este caso, si de todas maneras los productores utilizan el desfase como pretexto para elevar aún más su rentabilidad o acelerar anormalmente la recuperación del capital, estamos ante una presión inflacionaria de origen espurio. El desfase podría justificar una presión inflacionaria genuina, pero los productores aprovecharse de las circunstancias para elevar sus precios a un nivel que sobrepase el requerimiento genuino, en cuyo caso el alza de los precios contendrá elementos inflacionarios genuinos y espurios.

La teoría económica justifica la elevación de los precios relativos cuando se produce un desfase entre oferta y demanda (la oferta inferior a la demanda), pues de esa manera -sostiene- se producen señales al aparato productivo para que éste asigne recursos allí donde más se los necesita. Se trata de una justificación indiscriminada, que no tiene en cuenta el origen genuino o espurio que puede tener una elevación de los precios. En efecto, si vamos al fondo del asunto, veremos que no siempre se puede justificar el que, ante un desfase, se eleven los precios relativos. Ante una reducción drástica de las cosechas, por ejemplo, debido a trastornos climáticos, suben los precios de los alimentos, perjudicando, a veces gravemente, a los más necesitados; sin embargo, este hecho -el alza- es considerado como lo más natural y conveniente del mundo por la teoría económica, pues ve en ello una señal que estimulará la canalización de recursos hacia la producción y restablecerá así el equilibrio. Esas alzas, empero, suelen estar profusamente salpicadas de elementos espurios, particularmente cuando se generan en el circuito comercial y no implican una acumulación adicional para la producción física, caso en el cual los argumentos basados en la necesidad de incrementar la inversión para aumentar la producción física no tienen validez alguna.

En el empuje de los costos suelen estar presentes, así mismo, las dos clases de presiones inflacionarias. La presión sindical por aumentos de salarios nominales puede ser de carácter genuino, como cuando tiene por objeto recuperar o alcanzar niveles razonables de salarios reales; pero cuando rebasa niveles razonables, lo cual suele ocurrir cuando los sindicatos tienen excesivo poder de presión, se ingresa en el campo de las presiones espurias y, entonces, los aumentos de precios a que ello dé lugar, también contendrán elementos espurios.

Y lo que decimos para los salarios es aplicable a cualquier incremento de costo que se traslade al precio: el incremento puede contener elementos genuinos solamente, pero muy a menudo también los tiene espurios.

En el caso de los factores subjetivos, los elementos espurios están plenamente identificados con la segunda clase de factores subjetivos, esto es, con aquellos que se basan en el egoísmo humano, que buscan aprovechar la ocasión. Los factores subjetivos de la segunda clase son, por definición, espurios.

Lo grave de los factores espurios que, como se ve, van íntimamente asociados a los tres grandes grupos de presiones inflacionarias conocidos, es que al generar presiones inflacionarias sobre otras actividades, determinan que dichas presiones tengan una intensidad mayor que la que tendrían si fueran generadas solo por factores genuinos. Un aumento de precios de un insumo industrial, por ejemplo, que contenga elementos genuinos y espurios, genera presiones inflacionarias en las industrias que lo utilizan, pero estas presiones serían menores si el incremento del precio del insumo contuviera solo elementos genuinos.

Lo característico de los factores espurios es que constituyen un problema de actitud de los individuos; anidan en el corazón de los hombres, y, por lo tanto, mientras no cambie la actitud humana, habrán allí factores de inflación que ninguna política anti-inflacionaria será capaz de eliminar, sólo de refrenar.

¿Por qué es que siempre, o casi siempre, hay inflación en las economías de mercado, aunque sea a niveles bajos, y si no la hay en los hechos sí la hay en potencia? La respuesta está, entre otros aspectos que no viene al caso analizar, en la existencia de factores subjetivos y, fundamentalmente, de presiones inflacionarias espurias.

Los países centrales han alcanzado un gran desarrollo, cuantitativo y cualitativo, en su producción de bienes y servicios, con lo cual han podido reducir y mantener a niveles bajos el incremento del nivel general de precios, pero como el estado de la oferta y la demanda no es la única circunstancia determinante de la oscilación de los precios, y dado que no pueden erradicar los factores espurios, puesto que su estrategia externa tampoco puede erradicar el egoísmo humano, tampoco pueden eliminar la inflación en potencia, aunque puedan reducir a niveles muy bajos, incluso a cero, la inflación nominal. En aquellos casos en que se ha llegado a tener una inflación nominal cero o casi cero, ha sido sobre la base de constreñir la actividad económica, la producción, el empleo, el bienestar. Otra vez lo malo ha obligado a castigar lo bueno.

De todo esto se extrae una conclusión muy clara: la función de las políticas anti-inflacionarias no es la de eliminar las *presiones* inflacionarias (concepto distinto al de la inflación misma), pues dadas las características del comportamiento humano, dado el subdesarrollo espiritual individual, sencillamente no lo pueden hacer, sino solo mantener refrenada la *inflación* (resultado de las presiones inflacionarias) al más bajo nivel posible.

Ahora bien, ¿cómo se relaciona el componente espurio de la inflación con la impedancia social que he analizado en varios capítulos? En forma obvia: a través de la pluralización asimétrica, que también está presente en el caso de los factores espurios. Al igual que en el anterior error de consenso, la parte operativa de este otro, también es extremadamente importante. En efecto, las actitudes que introducen factores espurios en el sistema económico se propagan más abundantemente que aquellas otras que voluntariamente los rechazan. En esa forma, el sistema económico es más proclive a la inequidad que conllevan los procesos inflacionarios, que a la solidaridad y al amor-decisión, y el egoísmo constituye la raíz de todo el problema. Se trata de un error de consenso debido a nuestro subdesarrollo espiritual. Mientras tal subdesarrollo continúe, hemos de convivir con toda esa gama de factores espurios de la inflación, que constituyen verdaderos elementos impeditivos para el desarrollo de las naciones.

Las políticas económicas, al no poder atacar el fondo del problema inflacionario, esto es, las actitudes egoístas, optan por una suerte de compensación perversa: buscan mitigar los efectos de las presiones inflacionarias, incluidos los de las presiones espurias, contrayendo la actividad económica, la demanda en particular; pero el origen del mal sigue allí, esperando una oportunidad para manifestarse. Más aún, ni siquiera una política anti-inflacionaria integral, que utilizase todas las medidas posibles de lucha contra el incremento del nivel general de precios, sería capaz de desterrar las **presiones** inflacionarias espurias; solo sería capaz de refrenar sus efectos, esto es, la inflación[35].

El subdesarrollo espiritual y la demanda efectiva. Quizás la más importante incidencia del subdesarrollo espiritual individual sobre lo económico, sea la que aquel ejerce sobre la demanda efectiva. Y es que la falta de desarrollo espiritual, y dentro de él, la falta de solidaridad y de amor-decisión, entre seres humanos y entre naciones, zapa aquello que es la base misma de sustentación de la economía de mercado: la demanda efectiva, lo cual es tanto más importante cuanto que la economía de mercado es el sistema económico que hoy prevalece y se extiende por todo el mundo.

En este punto hay que echar mano de unos pocos y elementales conceptos económicos. La demanda efectiva es aquella que se expresa en el mercado a través de los medios de pago; no aquella que no se expresa en esta forma, aunque sí trasunte una necesidad insatisfecha. Si no se expresa mediante medios de pago, queda siendo, para el mercado, simplemente una demanda potencial, una demanda no efectiva, una demanda que no mueve las ruedas de la economía.

A su vez, la demanda efectiva que constituye la base de sustentación de la economía de mercado, es la demanda efectiva de **consumo**. Es que de ella depende, en último término, toda actividad productiva en una economía de mercado.

Si bien se mira, de la demanda efectiva de consumo depende toda producción: producción de bienes y servicios de consumo; producción de maquinarias y equipos; y, producción de toda clase de materias primas. Y como de la producción depende el empleo, resulta que a la postre, de la demanda efectiva de consumo también depende el empleo. La demanda efectiva de consumo es, entonces, la plataforma sobre la que se erige la economía de mercado -y es el motor que la hace funcionar.

Ahora bien, pese a la importancia crucial que tiene la demanda efectiva de consumo, en la economía de mercado actúan fuerzas excluyentes a través de las cuales la sociedad margina a muchos seres humanos de la demanda

---

[35] Todo lo concerniente a los factores espurios de la inflación también fue tratado en el libro citado en la nota anterior.

efectiva de consumo, mediante su exclusión de los circuitos de producción. ¿Y cuál es la naturaleza de esas fuerzas excluyentes? Aquí vamos llegando al meollo del asunto: es *espiritual*. O para decirlo más objetivamente: las fuerzas excluyentes son una expresión del subdesarrollo espiritual, de la falta de solidaridad, de la insuficiencia de amor-decisión, a menudo inducidos por el propio sistema.

Es el subdesarrollo espiritual individual el que explica la generalizada tendencia a ahorrar factor trabajo en las actividades productivas de bienes y servicios. Es el subdesarrollo espiritual individual el responsable de que la presión resultante global y de largo plazo del desarrollo tecnológico sea adversa al empleo. Es claro que la tendencia a ahorrar factor trabajo es acicateada por la competencia, y es claro también que en un escenario mundial de apertura comercial y de encarnizada competencia, tal tendencia resulta inevitable. Pero en eso precisamente radica el problema: en que es el egoísmo, la falta de solidaridad, la razón primordial, la causa última, de esa tendencia; radica en que el mundo entero se ha embarcado en un esquema de apertura comercial y de implacable competencia, sin estar espiritualmente equipado para evitar o al menos morigerar los efectos sociales adversos generados por un esquema de este tipo.

Es el subdesarrollo espiritual el que explica la presencia de los factores espurios de la inflación, los cuales la amplifican innecesariamente, hasta el punto que los gobiernos se ven obligados a sacrificar el desarrollo económico en aras de refrenar, solo refrenar, la inflación.

Es el subdesarrollo espiritual el que alienta el funcionamiento de mecanismos adversos al bienestar económico de los pueblos, como son los relacionados con las actividades especulativas, por ejemplo; mecanismos de los cuales, en todo caso, no viene al caso hablar, vista la naturaleza de este ensayo. Es el subdesarrollo espiritual el que explica el fracaso de la planificación macroeconómica, tan necesaria para corregir los sesgos excluyentes de la economía de mercado. En fin, en las relaciones económicas entre las naciones, así mismo, es el subdesarrollo espiritual el que explica la existencia de innumerables inequidades entre países. Si se rastrea el origen de todas aquellas acciones y situaciones que perjudican el bienestar económico de los pueblos, se verá que el subdesarrollo espiritual individual constituye siempre la explicación última de aquellas. Es como si se tratara de la búsqueda del ser primordial, pero en el campo de lo económico, búsqueda que siempre culmina en el subdesarrollo espiritual individual.

A su vez, la pluralización asimétrica es responsable de que la falta de solidaridad en el accionar económico de individuos y naciones se propague mucho más abundantemente que las escasas y genuinas manifestaciones de amor-decisión que puedan presentarse en este campo. La pluralización asimétrica es el mecanismo a través del cual se perjudica la demanda efectiva. Y otra vez, a través de la pluralización asimétrica, el tejido social se vuelve más impeditivo al desarrollo integral de la especie humana.

La tiranía de lo económico. No quisiera terminar este capítulo sin destacar, aunque sea de paso, un error social de la más grande importancia: la influencia dominante, absolutamente dominante, que ejerce lo económico sobre los demás los aspectos sociales. Y no es que lo económico no sea importante; lo es, pero no es lógico que todo se supedite a la economía, incluso aspectos que hacen relación a la supervivencia misma de la especie humana.

Uno de los ejemplos más conspicuos de esta supeditación es lo que está ocurriendo con el control del efecto invernadero que genera la actividad humana. La ciencia ha dicho que las temperaturas del planeta se elevarán entre 1,4 y 5,8 grados centígrados en el presente siglo, con las consecuencias desastrosas que se avizoran, si no se toman medidas drásticas para reducir las emisiones de gases de invernadero. Pero Rusia y Estados Unidos se niegan a ratificar el Protocolo de Kioto, que limita la emisión de esos gases, porque perjudica sus economías. Más temprano que tarde la Naturaleza nos pasará factura y tendremos que pagar un precio terrible, y no solo los culpables de este irracional comportamiento, sino todos, sencillamente todos.

En resumen, el subdesarrollo espiritual individual ha sido la verdadera causa de las graves fallas de todos los sistemas económicos que ha ensayado la humanidad, incluyendo los más recientes, esto es, la economía centralmente planificada y la economía de mercado.

La economía actual se está globalizando cada vez más, pero en el contexto de un generalizado y creciente subdesarrollo espiritual individual y, por lo tanto, de una ausencia de solidaridad entre individuos y naciones. En estas condiciones, la competencia se vuelve más encarnizada, la riqueza y el poder se concentran aún más, las diferencias sociales se acrecientan; y, la posibilidad de que la solidaridad prospere, se esfuma.

En este contexto, el futuro de los sistemas económicos y, en general, de la sociedad, es incierto, razón por la cual sólo cabe concluir que no podemos augurar un luminoso futuro a la sociedad en las actuales condiciones de subdesarrollo espiritual individual. En todo caso, sólo podemos decir que la sociedad será lo que será. Pero debemos estar claros que este será lo que será depende de nosotros mismos, de todos y cada uno de nosotros mismos.

CAPITULO XI. HACIA EL FUTURO.

¿Qué es lo que la sociedad será en el futuro? Este es el tema final sobre el cual debo ahora proyectar mi reflexión.

Una cuestión de actitud. Lo primero que hay que tener en cuenta cuando consideramos el futuro, es nuestra propia actitud ante tan difícil asunto. El hecho de que la sociedad llegará a ser lo que llegará a ser, y de que ni siquiera conozcamos en profundidad lo que la sociedad es ahora, peor lo que llegará a ser, debiera persuadirnos a considerar todas las posibilidades, y a ser empeñosos en la búsqueda de la verdad. Tenemos por delante un largo y difícil camino por recorrer, el camino del conocimiento progresivo de la sociedad, y para ello no debemos excluir las posibilidades que, con visos de verosimilitud, nos presente nuestra consciencia. Debemos ser como niños curiosos, ansiosos de aprender.

Para esta búsqueda debemos despojarnos de toda ideología dogmática, arrogante y fatua, pues ésta le dice a uno lo que debe creer, siendo que la realidad es lo que es, más allá de lo que uno crea que es. La ideología, en la medida que se traduzca en una actitud intransigente, es una visión *terminada* de la realidad, que aspira a tener seguidores que acepten sus postulados de una manera militante, incondicional, sin objeciones. Ese tipo de ideología no se abre a las posibilidades razonables que se le presentan por delante, sino que tamiza, selecciona y acepta solo aquello que esté en línea con sus postulados; lo que no esté en esa línea, aunque sea intrínsecamente válido, lo descarta; esa ideología no se pone al servicio de la verdad, sino que pretende que la verdad esté a su servicio; por todo eso, no es conveniente la búsqueda de la verdad sobre una base ideológica de ese tipo. Empero, nuestro rechazo a esa clase de ideologías no es incompatible con la fe, por la sencilla razón de que son dos cosas diferentes. La diferencia radica en el origen de las ideas que las sustentan: humano el de las primeras, divino el de la segunda.

Debemos, así mismo, despojarnos de toda superficialidad, pues ésta no nos llevará al conocimiento de la realidad profunda. El mundo moderno está lleno de enfoques superficiales, de prognosis basadas en consideraciones superficiales, contra los cuales debemos rebelarnos, pues el aceptarlos dócilmente sólo puede dar por resultado acostumbrar a nuestro intelecto a la superficialidad, y con ello, a alejarnos de la posibilidad de penetrar la verdad. La banalidad está a la orden del día; a donde quiera que dirijamos nuestra mirada encontraremos evidencias de su imperio. La masa humana parece hambrienta de banalidad. Se advierte, por ejemplo, un interés enfermizo por conocer los escándalos e intimidades de los famosos, y por tejer toda clase de habladurías al respecto. Los guardaespaldas, los choferes, las amas de llave y demás empleados a su servicio, con acceso a sus vidas íntimas, son fuente inagotable de toda clase de información "light", codiciada por las editoriales.

No debemos permitir que los enfoques fraccionados nos induzcan a no ocuparnos de la realidad social total. La creciente especialización del conocimiento y la abundante información concomitante que disponemos, tienden a acostumbrarnos a una posición cómoda, orientada solo a los aspectos particulares que nos interesan. Hoy en día muchísima gente se siente a sus anchas hurgando en aspectos fraccionados de la realidad. La visión puramente tecnológica, cada vez más extendida, es un claro ejemplo de visión acotada o fraccionada de la realidad. Es de lo más común escuchar elogios al desarrollo tecnológico, con prescindencia casi absoluta de sus relaciones con otros aspectos de la vida, como si el desarrollo tecnológico se diese en un vacío social.

Nosotros, por el contrario, debemos dar a los enfoques fraccionados solo el valor que realmente tienen, tratando, más bien, de sacar provecho de ellos, pero sin permitir que obnubilen nuestra visión del mundo. Los enfoques fraccionados debieran, más bien, ser los ladrillos con los cuales construyamos nuestra visión global del ser sociedad.

Debemos también despojarnos de cualquier motivación espuria, como podría ser, por ejemplo, el mero afán de notoriedad. Con respecto a ciertos pensadores uno podría legítimamente dudar respecto a si lo que realmente buscaron fue la verdad o simplemente la fama. "Existe en la Filosofía contemporánea un inmoderado afán de originalidad", decía Manuel García Morente en sus "Lecciones Preliminares de Filosofía". Y es verdad. Ha habido filósofos que aparentemente les ha interesado más el efectismo de las palabras que las "ideas claras y distintas", como diría Descartes; más la grandielocuencia, que la claridad de expresión; filósofos que, en realidad, han sido más poetas que filósofos. Refiriéndose al superhombre de Nietzsche, Hirschberger dice que "Quien gusta de oír palabras está bien servido, pero quien busca ideas queda desilusionado"[36]. O como en las ficciones de Jorge

---

[36] Johannes Hirschberger, "Breve Historia de la Filosofía".

Luis Borges: "Los metafísicos de Tlon no buscan la verdad, ni siquiera la verosimilitud: buscan el asombro. Juzgan que la metafísica es una rama de la literatura fantástica"[37].

Hay un exagerado afán de notoriedad y fama en muchos filósofos y artistas. Si se es filósofo, uno debiera apostar por la verdad; si artista, por la belleza, más allá de la concepción que cada uno tenga de la verdad y de la belleza. Pero algunos parecen apostar a otra cosa, mucho más prosaica: la fama. Parecen haber convertido el trascender en un fin en sí mismo, sin reconocer que éste sólo debe ser la añadidura -que puede o no hacerse realidad- de la búsqueda de la verdad y la belleza.

Así como algunas personas ponen el lenguaje al servicio del mal, otras lo hacen para conseguir notoriedad. Utilizan expresiones desaforadas, a menudo ridículas, cuyo objetivo no es proclamar la verdad sino pasar ante la sociedad por personas brillantes y sabias, aún a costa de distorsionar la realidad. En un congreso latinoamericano de jurisprudencia alguien dijo que "El mal maestro es el delincuente que más daño ocasiona", lo que en rigor significa que, por ejemplo, un maestro con insuficiente habilidad didáctica es: 1° un delincuente; 2° el delincuente que más daño social provoca; y, 3° el que, en consecuencia, merece las penas más severas, como las que se aplican a un genocida o a un asesino en serie. El abuso de las palabras en toda su virulencia. Otros, ante la superficialidad de sus dichos y sus escritos, practican con esmero aquello de que "ya que no podemos ser profundos, al menos seamos obscuros". Muchos, en su afán de notoriedad, son reiterativos hasta el aburrimiento, su hablar está saturado con palabras de relleno, saturadas de pedantería.

El afán de notoriedad se expresa no solo en el uso del lenguaje, sino también en las acciones. Ya señalé que mucha gente está dispuesta a realizar cualquier extravagancia, incluso con riesgo de sus vidas, con tal de figurar el libro Guiness.

Por otra parte, la antinomia sensualidad-espiritualidad. En este punto, una vez más debo referirme al mundo de principios del Siglo XXI; un mundo en el que, con una estulticia casi que paranoica, prevalece largamente lo sensual sobre lo espiritual. Un mundo donde, arrinconado por lo sensual, lo espiritual

---

[37] Jorge Luis Borges, "Tlon, Uqbar, Orbis Tertius"

tiende a desaparecer. Es significativo que el condicionante del desarrollo social sea casi exclusivamente material. A donde quiera que dirijamos nuestra atención veremos que lo que mayormente condiciona la vida de la sociedad, es lo material, y principalmente el desarrollo tecnológico. Lo espiritual, pese a la importancia que tiene en la persona humana, casi que no condiciona el desarrollo de la sociedad. Podemos ver, por ejemplo, cómo el desarrollo del motor de combustión interna influyó tanto en el desarrollo de la sociedad y hasta en sus costumbres; al mismo tiempo, podemos observar cómo un valor espiritual de la más grande importancia, la solidaridad, inspira tan poco al accionar social.

Pues bien, nuestra visión del futuro social no debe caer en el error de considerar, sesgadamente, sólo el desarrollo material, solo aquello que tenga incidencia sensual; no, debemos considerar lo que he definido como el ascenso integral del hombre, esto es, un desarrollo de lo material y lo espiritual, en combinación armoniosa, y siempre liderado por el segundo.

Estos son, en definitiva, los elementos de una actitud conveniente para intentar una reflexión sobre el futuro.

El desarrollo futuro de la sociedad: una conclusión general. Si proyectamos hacia el futuro los resultados de nuestros análisis anteriores, la conclusión central que se desprende de todos ellos es la de que sin desarrollo espiritual individual no será posible el desarrollo integral de la sociedad considerada en su conjunto, esto es, a nivel planetario. No será posible el ascenso integral del hombre. ¿Podría estar errada esta conclusión general? Para que no quede duda al respecto, voy a tratar de aportar elementos de juicio adicionales, siempre con vistas al futuro.

Ante todo, ¿ha sido correcto considerar a la sociedad humana como *ser,* en el sentido de *ente*? No debería haber duda a este respecto, pues los seres humanos no viven meramente yuxtampuestos, formando agrupaciones sin relaciones interpersonales, caso en el cual podría argumentarse que la sociedad, como ente con características propias, no existe. Pero no; no viven así. En el seno de la agrupación social se producen las más variadas relaciones entre sus miembros, inicialmente impuestas por la costumbre, la necesidad o la fuerza, pero posteriormente consensualmente aceptadas, racionalizadas, formalizadas e institucionalizadas, dando lugar así a la formación de la nación y el estado. De modo que no debe quedar duda alguna que estamos ante un ser, esto es, ante algo que existe, que es, que tiene especificidad propia.

Si existe el ser sociedad, y éste está formado por seres humanos individuales, es de puro sentido común preguntarnos acerca de las relaciones entre el todo social y sus partes.

La estructura "celular" de la sociedad. Una buena forma de abordar este punto, siempre de cara al futuro, es considerando la similitud que existe entre las relaciones célula-ser vivo, por un lado, y hombre-sociedad, por otro.

La célula es la unidad fundamental del ser vivo. El conjunto de ellas, morfológica y fisiológicamente organizado, constituye el ser vivo. Pero no solo eso, sino que, además, la vida misma del ser vivo depende de lo que sus células hagan o dejen de hacer, es decir, la actividad de las células no es irrelevante a la vida del ser vivo que ellas forman. Por ejemplo, cualquier trastorno que se produzca en la célula, debido al cual ésta produzca determinadas sustancias en demasía, o las produzca insuficientemente, afecta la vida misma del ser vivo, pudiendo incluso llegar a determinar su muerte.

Lo mismo ocurre entre los hombres individualmente considerados y el ser sociedad que ellos conforman. Lo que ellos hagan o dejen de hacer, lo bien o lo mal que lo hagan, de alguna manera y en alguna medida, afecta a la sociedad; la actividad del hombre individualmente considerado no es irrelevante o neutra a la vida de la sociedad; por el contrario, es decisiva.

A su vez, lo que determina el accionar del hombre individual es su espíritu, su consciencia, esto es, su pensar y su sentir, en una palabra, su yo. Consecuentemente, también podemos decir que el espíritu individual de los hombres no es de ninguna manera irrelevante al ser sociedad, y que, por lo tanto, la posibilidad de un ascenso integral de la especie humana está en íntima dependencia de lo que ocurra en el mundo espiritual de cada uno de los individuos. Es que no puede haber cuerpo social sano, apuntando hacia un desarrollo integral, cuando sus células sociales están enfermas, orientadas hacia el mal.

Podría argumentarse que aunque las células sociales, esto es, los seres humanos individuales, no se desarrollen espiritualmente, la sociedad en su conjunto sí podría hacerlo, a condición de que una minoría de individuos también lo hiciese e impusiese una normativa en ese sentido, en el sentido de procurar el ascenso integral del hombre, a ser cumplida por todos. Craso error: el espacio que deja la falta de desarrollo espiritual de los individuos que forman una sociedad, no se mantiene vacío; es llenado por el mal, debido a la pluralización asimétrica, y en ese contexto la estrategia externa sencillamente no puede dar los frutos que de ella se esperan.

El yo individual contribuye al ascenso integral del hombre cuando es funcional a ese ascenso, como cuando combina razonablemente lo material con lo espiritual, o cuando genera amor-decisión. Por el contrario, es disfuncional o impeditivo, cuando se sesga hacia el materialismo y el egoísmo, hacia el mal. Las dos acciones se presentan en la sociedad: unos individuos actúan en un sentido y otros en el otro; más aún, es posible que en un mismo individuo se presenten las dos clases de acciones. Por todo ello cabe preguntarnos si es posible "netear" las dos clases de acciones, para entender el curso general que sigue la sociedad.

Sí es posible hacerlo, puesto que las dos acciones son de signo contrario, pero hay que tomar en cuenta, eso sí, que el accionar neto de la sociedad se refiere no solo al del individuo particular, sino al de todos los individuos que forman una sociedad.

El resultado neto de algunos yo individuales puede ser impeditivo, pero ser casos minoritarios, de modo que el accionar neto de todo el cuerpo social sea más bien facilitador del desarrollo integral. También a la inversa: el resultado neto de algunos individuos puede ser facilitador, pero estar en minoría, de modo que el accionar neto de todo el cuerpo social sea más bien impeditivo. En consecuencia, lo que en definitiva cuenta, a los efectos de definir el sentido de las flechas en que se mueve la sociedad, es el resultado neto del accionar de la mayoría de los individuos que conforman el cuerpo social.

Ahora bien, no puede haber desarrollo integral si el accionar neto del conjunto de células sociales es de signo impeditivo. Otra vez queda claro que el futuro del ser sociedad no se decide en las estructuras organizacionales de la sociedad, no en los campos de la estrategia externa, sino en el interior profundo de cada célula social. El futuro social se decide en los resultados de estos "neteos"; la acción neta global es lo que cuenta, lo que determina el curso que sigue la sociedad en su conjunto.

¿Cómo saber si un tipo de acción está prevaleciendo sobre el otro? ¿Qué es lo que al respecto ocurre en la sociedad actual? Las respuestas a estas preguntas sólo se las puede vislumbrar a través de los resultados globales del accionar social. Y los resultados sociales que están a la vista sugieren que, aunque en aspectos acotados, como el de la tecnología, hay un progreso evidente, en el campo del ascenso integral de la especie humana está ocurriendo algo muy diferente, pues no solo que no se está produciendo tal ascenso, sino más bien un retroceso. El accionar neto global de la sociedad es de signo impeditivo al ascenso integral de la raza humana; se está agregando más y más impedancia al tejido social, de modo que éste opone cada vez más resistencia al desarrollo integral.

El accionar de las células sociales individuales no es pues irrelevante a la vida de la sociedad, sino más bien decisivo. ¿Y en qué condiciones se está produciendo la incidencia de la parte sobre el todo, de lo individual sobre lo colectivo? Lamentablemente, en condiciones de subdesarrollo espiritual individual, esto es, en condiciones de deterioro de los valores morales, de egoísmo e individualismo generalizados, de falta de amor-decisión, de pensamiento relativista, y como consecuencia de todo ello, en condiciones de error y caos. Si esas son las condiciones en las cuales se desarrolla la influencia de la parte sobre el todo, es lógico pensar que el desarrollo integral de la sociedad resulta un imposible.

Emerge una especie de entropía social como consecuencia del subdesarrollo espiritual individual. El pensamiento relativista, expresión del subdesarrollo espiritual individual, genera desorden, pues cada cual se rige por su propio código de conducta, cínicamente acomodado a sus personales intereses. El desorden conlleva gasto de energías sociales que se pierden, que no se pueden recuperar. Talentos desperdiciados en inútiles disputas o en la búsqueda de fines inconfesables; recursos malgastados en prolongados y crueles confrontaciones; tiempo perdido que bien pudo haberse empleado en mitigar el sufrimiento de muchos.

Se podría argumentar que el subdesarrollo espiritual de la parte no necesariamente ha de determinar el subdesarrollo del todo; no necesariamente ha de transmitir a éste su condición de subdesarrollo; pero lamentablemente no es así, porque el subdesarrollo espiritual individual no se limita a atacar al todo en forma "puntual", individual; no, el subdesarrollo espiritual individual ataca al todo en forma colectiva, ¿de qué manera?, pues sencillamente "contagiando" de subdesarrollo espiritual a otros yo individuales, a través de la pluralización asimétrica, de modo que un colectivo de individuos espiritualmente subdesarrollados pueden llegar a tener tal incidencia, que el todo social finalmente se conforme a su imagen y semejanza. La pluralización asimétrica, que prospera en condiciones de subdesarrollo espiritual individual, disemina el mal mucho más que el bien, hasta llegar a impregnar de impedancia generalizada a todo el cuerpo social, con lo cual el desarrollo espiritual no puede avanzar.

Así pues, hemos llegado a un punto en el que es claro que el todo social no puede desarrollarse si sus partes no lo hacen. Es que no es lógico pensar que el todo social pueda llegar a ser lo que sus partes no lo son; más aún, que llegue a ser lo contrario de lo que son sus partes individuales. El futuro de la sociedad pinta lúgubre si se mantiene la actual condición de subdesarrollo espiritual individual de los seres que la conforman. Entonces, no es errada nuestra previa conclusión de que sin desarrollo espiritual individual no puede haber desarrollo integral colectivo.

Las expectativas del futuro. Si no se está produciendo el ascenso integral de la especie humana, porque, a su vez, tampoco se está produciendo el necesario desarrollo espiritual individual de la mayoría de las células del cuerpo social, es absolutamente pertinente que nos formulemos esta pregunta: ¿qué clase de sociedad tendremos en el futuro, si se mantiene esta situación?

Lo esencial de la respuesta es ésto: no tendremos una sociedad tan mala como la actual, sino *peor*. No se trata de elegir entre ser mejores o seguir siendo más o menos iguales a como somos ahora; no, de lo que se trata es de elegir entre ser mejores o peores; no hay término medio. Este es un punto que necesita ser explicado.

La pluralización asimétrica, para que sea tal, es decir, para que disemine más el mal que el bien, tiene que tener cierta cantidad básica de mal, cierta base-mal a ser diseminada; si no fuera así, la pluralización no se produciría, pues no habría mal alguno que diseminar.

La dinamia que esa base-mal tenga, es de extrema importancia. Si la cantidad y variedad de mal contenida en la base-mal de la sociedad fuera estática, o mejor aún, decreciente, uno esperaría que la sociedad futura fuera igual a la actual, o mejor. Pero si la base-mal fuera creciente, no nos quedaría otra expectativa que la de llegar a tener en el futuro una sociedad peor que la actual. La pregunta, entonces, es: ¿cuál es la dinamia de la base-mal de la sociedad?; ¿es creciente, decreciente o estática?

Para responder resumidamente: en ausencia de desarrollo espiritual individual, el hombre no acata los referentes divinos; sólo se guía por referentes humanos, y al así hacerlo, lo que impera en la sociedad es el pensamiento relativista y con ello el libertinaje y toda clase de errores. En un contexto así, la pluralización asimétrica actúa a sus anchas: lo malo se propaga mucho más rápidamente que lo bueno. Pero como el subdesarrollo espiritual induce a buscar nuevas formas de pensamiento relativista y por lo tanto también nuevas formas de libertinaje, resulta que la pluralización asimétrica no actúa a partir de una base estática, sino dinámica, pero dinámica hacia el mal. Si la base-mal se hace cada vez mayor, mayor también se harán los efectos de la pluralización asimétrica. Consecuentemente, una sociedad cuyos miembros individuales no se desarrollen espiritualmente, no puede aspirar a seguir siendo más o menos igual a lo que es; no, porque hay una mecánica social que la condena a ser peor.

Así pues, no se necesita mucha perspicacia para advertir que la base-mal es creciente; que el mal en el que estamos inmersos aumenta cada día. Pero, ¿en qué medida es creciente? ¿Es creciente simplemente como correlato del aumento de la población? Es decir, ¿es simplemente un crecimiento proporcional al aumento poblacional?, ¿o es un crecimiento más que proporcional a dicho aumento? No conozco trabajos estadísticos que sean lo suficientemente abarcantes, peor a nivel planetario, como para aportar elementos de juicio objetivos sobre este particular. Sin embargo, las estadísticas internacionales de Naciones Unidas, sobre delitos violentos, que he comentado varias veces y que se basan en cifras relativas; y, el aparentemente indetenible desarrollo cualitativo del mal (surgimiento de nuevas formas del mal), revelan muy a las claras que el crecimiento del mal no es proporcional al aumento poblacional, sino más que proporcional.

Entonces, la pluralización asimétrica, esa mecánica social que disemina más abundantemente el mal que el bien, trabaja sobre una base-mal que crece día a día, y lo que es peor, que crece más aprisa que la población. La perspectiva -entonces- si no se produce un desarrollo espiritual individual, no es la de llegar a tener una sociedad futura más o menos similar a la actual. No; la perspectiva es la de llegar a tener una sociedad peor.

Aclarada esta perspectiva, deberíamos ahora plantearnos -a título de disgresión- las siguientes preguntas que en el fondo son una sola: ¿por qué es creciente la base-mal?; ¿por qué tantas nuevas formas de subdesarrollo espiritual?; ¿por qué esta involución espiritual? Preguntas cruciales, cuyas respuestas, paradójicamente, podrían ser: una muy simple, y, ótra extremadamente compleja.

Una podría ser muy simple, pues podríamos responder que el mal uso de nuestra voluntad-libertad es la causa última de la situación moral en la que nos encontramos. Ello, aparte de ser absolutamente cierto, es algo largamente conocido; es algo que no aporta nada nuevo a nuestra visión del mundo.

Otra podría ser muy compleja, pues podríamos responder que hay muchas causas para que la base-mal sea creciente: todas aquellas formas operativas a través de las cuales el mal uso de nuestra voluntad-libertad se manifiesta. En efecto, hay numerosas y variadas formas operativas a través de las cuales dicho mal uso nos hunde en el pantano del subdesarrollo espiritual. Las hay desde las más sutiles hasta las más truculentas; desde las más hipócritas hasta las más cínicas; desde las que más han sido objeto de estudio, hasta aquellas que ni siquiera han sido tocadas por las ciencias sociales. De alguna manera este libro ha tratado de desvelar las formas operativas más conspicuas a través de las cuales el mal uso de nuestra voluntad-libertad nos conduce a la postración moral en que nos encontramos. La pluralización asimétrica, la estrategia externa, el déficit social respecto a la construcción de amor-decisión, el error de amplio alcance y la impedancia que él conlleva, el pensamiento relativista que nos aleja cada vez más de Dios, etc, son varias de estas formas.

Pero como el espíritu humano siempre trata de encontrar respuestas globalizantes, el mío me hace volver atrás y adherir a la idea de que es el mal uso de nuestra voluntad-libertad la causa de que la base-mal sea creciente; la causa de que cada día practiquemos nuevas formas de hacer el mal. Con todo lo cual no habríamos resuelto la pregunta inicial respecto a qué es lo que causa el incremento de la base-mal, pues lo único que habríamos hecho es, simplemente, sustituir una pregunta por ótra. En efecto, si antes nos preguntábamos "¿por qué la base-mal es creciente?", ahora tendríamos que preguntarnos "¿por qué hacemos mal uso de nuestra voluntad-libertad?".

Y vaya si es complicada la nueva pregunta. Dicho mal uso, ¿obedece a una condición intrínseca del hombre, es decir, es el hombre malo por naturaleza? ¿Es el entorno el que lo vuelve malo? Que levante la mano el que tenga la respuesta. Yo me limito a lo que digo en este ensayo.

Sin embargo, en este punto es la fe del creyente, la del que cree en la existencia de Dios, la que puede dar la respuesta más completa y, sobre todo, con la vastedad, la comprehensividad y la coherencia que las ciencias sociales no son capaces de dar. A esa fe y a esa respuesta me remito.

Al dilema de si el mal está dentro o fuera del hombre, la fe responde que es lo uno y lo otro. Dentro, porque el pecado original nos contaminó a todos, más allá de que, gracias a la misión de Cristo en la Tierra, se hayan acrecentado nuestras posibilidades de librarnos de esa mácula y de acceder a la sobrevida. Fuera, porque hay una voz, diferente a la de nuestro propio yo, pero que actúa dentro de él, así como desde nuestro entorno, que nos azuza para que hagamos mal uso de nuestra voluntad-libertad. Ahí, en esa pareja de circunstancias -error original y azuzamiento- está la respuesta globalizante a la pregunta de por qué hacemos mal uso de nuestra voluntad-libertad, y por ende, de por qué la base-mal de la sociedad es creciente. Las dos circunstancias constituyen la base sobre la cual funciona nuestra capacidad para equivocarnos; y tenemos capacidad para equivocarnos porque la sobrevida no es totalmente "gratis", tiene que tener un componente de merecimiento humano, y hay merecimiento cuando evitamos el error, el pecado; cuando elegimos correctamente, cuando no nos equivocamos. Esta es una respuesta que las propias ciencias sociales no han sido capaces de formular con la comprehensividad, coherencia y fuerza de persuasión de la fe. Fin de la digresión.

Referentes humanos y divinos. Es obvio que cualquier desarrollo espiritual individual requiere de paradigmas, de puntos de referencia, de conceptos que definan lo que entendemos por desarrollo espiritual individual. Es impensable un desarrollo espiritual que no cuente con rumbos preestablecidos. El no tenerlos haría del desarrollo espiritual un concepto vacío, sin contenido; no tendríamos forma de entender en qué consiste; más aún, cada uno entendería a su manera qué es el desarrollo espiritual individual, dando así lugar al caos. Así pues, ¿cuáles deben ser los referentes definidores de lo que debe ser el desarrollo espiritual individual?

Tendrían que ser referentes indubitables, permanentes y universales, de modo que puedan ser aplicables siempre, en cualquier lugar del mundo y a cualquier ser humano. Los únicos referentes que pueden cumplir semejantes requisitos, son los referentes divinos. Solo ellos pueden garantizar un alto y homogéneo nivel de desarrollo espiritual individual. En otras palabras, la única forma de lograr ese desarrollo espiritual es acatando sin reservas los referentes divinos, esto es, aquellos que se resumen en los dos mandatos de amor: a Dios y entre nosotros mismos.

Pero, ¿qué pasa si no acatamos los referentes divinos, como, en efecto, no lo estamos haciendo? Es evidente que si no lo hacemos, sólo nos quedarán los referentes humanos, esto es, una mezcolanza de convicciones inspiradas en las más variadas actitudes ante la vida, convicciones muchas de las cuales se expresan a través de eso que es absolutamente opuesto a un seguro y homogéneo desarrollo espiritual individual: el pensamiento relativista.

Si bien se mira, el basar la acción humana en referentes exclusivamente humanos, impide cumplir con el componente de merecimiento que el proyecto divino exige. En efecto, los referentes exclusivamente humanos y con ellos el pensamiento relativista, el libertinaje y el caos, impiden que alcancemos el desarrollo espiritual que necesitamos para poder acreditar ante Dios el componente de merecimiento que su proyecto exige.

Al aceptar los referentes divinos debemos limitar nuestra libertad, lo cual sería absolutamente lógico pues lo haríamos para someternos a la guía de Quien todo lo sabe. Por otro lado, al guiarnos sólo por los referentes humanos, caemos en las redes del pensamiento relativista, el cual es capaz de justificar hasta los peores crímenes, hasta los más crasos errores, que uno pueda imaginar. En esta forma, los referentes exclusivamente humanos, y con ellos el pensamiento relativista, nos conducen inexorablemente al libertinaje. Tenemos pues que escoger: una libertad relativa, inspirada en los mandatos divinos -la verdadera y única libertad- o el libertinaje.

Cuando no hay acatamiento a los referentes divinos, sino un torpe chapotear en las aguas turbias de los referentes humanos, cada célula social se siente con derecho a hacer lo que le venga en gana. Lo grave es que los efectos que esta situación produce no son estáticos. Cada vez que alguien, movido por sus convicciones emanadas de referentes puramente humanos, descubre una nueva forma de hacer el mal, ótros lo imitan y la nueva manifestación del mal se extiende; el mal se presenta con nuevo rostro. Ello en razón de que, en ausencia de desarrollo espiritual individual, la pluralización asimétrica disemina mucho más el mal que el bien.

¿En qué momento empieza un proceso relevante de pluralización de una nueva forma de practicar el mal? Quizás cuando aparece una nueva forma, ésta sea practicada solo por unos pocos, de modo que su efecto en la sociedad en su conjunto no sea relevante. Pero llega un momento en que una masa crítica de individuos practica la nueva forma, de tal suerte que la nueva práctica se vuelve relevante para la sociedad en su conjunto. Determinar cuál es ese momento quizás no sea tan importante. Lo realmente importante es que cuando sus resultados empiezan a percibirse de un modo generalizado en la sociedad, entonces podemos estar ciertos de que una nueva forma del mal se ha enraizado en ella; que nos hemos degradado aún más. Cuando las estadísticas muestran, como ya lo están haciendo, que el aborto se está practicando en forma generalizada y creciente, y que una alta proporción de la población lo aprueba, considerándolo como un derecho de la mujer, entonces podemos estar ciertos de que esta nueva forma de practicar el mal se ha enraizado en la sociedad, y que nos hemos degradado más.

En todo caso, lo que quiero relievar es esto: el no acatamiento de los referentes divinos, no deja las cosas tal como están. Nada de eso. Lo que hace es garantizar el imperio caótico de los referentes humanos, del pensamiento relativista, y con todo ello, del error, del libertinaje y de la degradación. Lo que hace es permitir que, vía pluralización asimétrica, las viejas y las nuevas formas del mal se propaguen más abundantemente que el bien. Lo que hace, en fin, es garantizar que en el futuro tendremos una sociedad peor que la actual.

Por el contrario, ¿qué efectos se observarían en la sociedad si se produjese un desarrollo espiritual individual generalizado? Evidentemente, lo que se observaría es más amor-decisión, más solidaridad en el contexto social. ¿Es eso lo que observamos en la actualidad? No, no se observa tal cosa, precisamente porque tampoco se está produciendo un desarrollo espiritual individual generalizado.

Como es fácil darse cuenta, esta falta de amor-decisión, de solidaridad, tiene lugar en los más variados aspectos de la vida social, y esto, tanto al interior de cualquier sociedad individualmente considerada, como en las relaciones entre las naciones. En el campo de la Economía, al cual la sociedad da cada vez más importancia, es particularmente relevante la incidencia de esas falencias.

En resumen, el futuro social está ligado al desarrollo espiritual individual. Ello se debe a que, como ocurre con la célula y el ser vivo, lo que sucede con el espíritu individual es decisivo para el funcionamiento de la sociedad. Más aún, una sociedad cuyos miembros individuales no se desarrollen espiritualmente, no puede aspirar a seguir siendo más o menos igual a lo que es actualmente, pues existe una mecánica social que la condena a ser peor.

Lamentablemente, lo que está ocurriendo con el espíritu individual no es nada auspicioso para su desarrollo integral, pues lo que se observa es deterioro de los valores morales, egoísmo-individualismo, déficit de amor-decisión, pensamiento relativista.

Por otra parte, los referentes definidores de lo que debe ser el desarrollo espiritual individual tienen que basarse en la guía divina, pues de no ocurrir así, lo que se haría es garantizar el imperio caótico del pensamiento relativista y con ello, del error, el libertinaje y la degradación.

EPILOGO

Hemos hecho mal uso de nuestra voluntad y de nuestra libertad, al punto que no es esta última lo que realmente practicamos, sino un verdadero libertinaje. Perpleja ante esta situación, la sociedad ha buscado la forma de sobreponerse al problema, y no se le ha ocurrido mejor camino que el de una estrategia puramente organizacional y tecnológica, externa al yo.

Pero la estrategia externa no ha logrado modificar para el bien el yo personal de los seres humanos; éste sigue tan díscolo y libertino como siempre; ello ha sido muy malo para la sociedad en su conjunto, pues ha impedido el ascenso integral de la especie humana.

Una clara manifestación del subdesarrollo espiritual en que se debate el yo personal, es el déficit de amor-decisión en que hemos incurrido; más aún, lo que profusamente hemos desarrollado es su antivalor: el egoísmo, y con él, el individualismo.

El egoísmo-individualismo es el origen de muchos errores, todos los cuales tienen un denominador común: la pluralización asimétrica, esto es, una mecánica social que disemina el mal más abundantemente que el bien. En todos y cada uno de los errores hay pluralización asimétrica, en el sentido indicado.

La propia pluralización asimétrica es un error, un gran error. Ella es responsable de que la sociedad genere más y más impedancia en el tejido social. A ella se debe que sean mucho más numerosos los factores impeditivos del ascenso integral del hombre, que los facilitadores. Una visión cósmica de nuestra experiencia vital revela la necesidad de que todos contribuyamos a hacer menos penosa -y más bien más agradable- la experiencia vital de nuestro prójimo; es decir, revela la necesidad de que todos trabajemos por el bien común de la especie humana; pero no solo que esto no se da, sino que, por el contrario, la pluralización asimétrica hace todo lo contrario.

Todo esto nos lleva a una conclusión inevitable: mientras sigamos sumidos en el subdesarrollo espiritual individual; mientras no modifiquemos nuestro yo interno; mientras no hagamos buen uso de nuestra voluntad-libertad, no será posible el ascenso integral del hombre. Mientras no haya desarrollo espiritual individual, la pluralización asimétrica seguirá trabajando a sus anchas, y el ascenso integral será imposible. Podrá haber grandes logros en ámbitos acotados del accionar humano, como en el de la tecnología, pero nunca un desarrollo integral y equilibrado, material-espiritual, de la especie humana en su conjunto.

No fue mi propósito -pero así resultó- presentar un panorama sombrío respecto al futuro de la sociedad, si ésta no endereza sus esfuerzos hacia el desarrollo de lo interno-individual y con ello, al desarrollo integral, contentándose sólo con su ya fracasada estrategia organizacional-externa. Coincido con Jung cuando en 1916 decía que "Los grandes problemas de la humanidad nunca se resolvieron por leyes generales, sino siempre únicamente por renovación de la actitud del individuo"[38].

Por eso, todo aquel que se esfuerce por mejorar su propio yo; por desarrollar su espíritu conforme al marco de referencia que Dios nos dio, el marco del amor; por llegar a ser un hombre superior, debe estar seguro que va por el buen camino, y de esa seguridad sacar el valor que necesita. Tal camino conduce a la construcción del ordenamiento cósmico deseado y proyectado por el Creador.

El desarrollo espiritual individual de *todos* luce como un tremendo desafío, y lamentablemente esta percepción parece válida dada la advertencia de que "pocos serán los escogidos", pero siempre habrá espacio para el optimismo si consideramos que, para alcanzar ese desarrollo, basta con que busquemos la ayuda de Quien nos creó... y nos sometamos a su voluntad.

-- o --

---

[38] Carlos Gustavo Jung, obra citada.